介護予防・
地域包括ケアと
主体間連携

平岩 和美

大学教育出版

介護予防・地域包括ケアと主体間連携

目　次

第1部　理論編

第1章　序論 ……………………………………………………………… *2*

1. 本書の目的　*3*
2. 本書の構成　*7*

第2章　介護予防・地域包括ケアの背景 ……………………………… *9*

1. 高齢化の進行と社会保障費の増大　*9*
2. 諸外国での虚弱高齢者対策と実施主体　*11*
3. 高齢者福祉政策の変遷　*15*
4. 機能訓練事業から介護予防事業への移行　*19*
   - (1) 老人保健法の廃止と縮小される機能訓練事業　*19*
   - (2) 機能訓練事業の縮小　*23*
   - (3) 機能訓練事業の課題　*24*
   - (4) 機能訓練事業と介護予防事業の関係　*25*
5. まとめ　*26*

第3章　介護保険制度の仕組みと変遷 …………………………………… *27*

1. 介護保険制度の変遷　*27*
   - (1) 介護保険事業の開始　*27*
   - (2) 予防重視への転換 ― 介護予防事業の開始 ―　*30*
2. 制度転換に関連した先行研究と政策課題　*34*
   - (1) 予防重視への制度転換　*34*
   - (2) 政策過程に関連した先行研究　*35*
   - (3) 介護予防事業の課題　*37*
   - (4) 介護予防事業における費用　*40*
3. まとめ　*41*

目　次　*iii*

第4章　連携主体の変化とその役割 ……………………………………… *43*

1. 連携主体が変化した背景　*43*
   - (1)　市町村合併の影響 ― 市町村と住民のつながりの弱体化 ―　*43*
   - (2)　サービス主体の多様化　*45*
   - (3)　介護サービスの地域差 ― 供給の不均衡 ―　*46*
   - (4)　主体間連携の要請　*47*
2. 公的サービスにおける多様な主体の活用　*49*
3. 介護保険制度におけるサービス提供主体の拡大と多様化　*53*
   - (1)　地域包括ケアシステムの推進　*53*
   - (2)　新しい総合事業　*55*
4. 連携主体の分類　*57*
5. まとめ　*63*

第5章　介護予防・地域包括ケアの主体間連携に関わる分析フレーム …… *64*

1. 企業経営分野での連携　*64*
2. 行政運営分野での連携　*65*
   - (1)　供給方式の類型　*65*
   - (2)　公的サービスにおける連携の利点　*67*
   - (3)　政策過程における連携　*67*
3. 保健医療福祉領域における連携　*68*
   - (1)　連携の概念整理　*68*
   - (2)　連携の促進要因　*69*
   - (3)　連携内容　*69*
   - (4)　連携主体間のつながり　*70*
4. 介護予防事業における連携　*74*
   - (1)　事業における連携のねらいと特徴　*74*
   - (2)　連携の課題　*75*
   - (3)　連携の実態把握の必要性　*76*
   - (4)　各主体における活動内容　*78*

iv

   5. 連携構造　*80*

     (1)　時系列的な連携構造　*80*

     (2)　組織間ネットワーク　*81*

   6. 分析フレームの提示　*84*

   7. 調査と分析方法　*89*

   8. まとめ　*89*

第 2 部　分析編

第 6 章　事業移行に伴う課題
　　　―機能訓練事業と介護予防事業の実態把握― ……………… *92*

   1. 調査目的、実態把握のための枠組み　*92*

     (1)　調査目的　*93*

     (2)　実態把握のための枠組み　*94*

   2. 対象地域の特徴　*95*

   3. 調査方法　*98*

   4. 調査結果と考察　*98*

     (1)　2007 年度調査　*98*

     (2)　2010 年度調査　*110*

   5. 介護予防事業による効果と分析方法　*118*

     (1)　先行事例　*118*

     (2)　分析方法　*119*

   6. 介護予防事業のサービス水準と参加者割合　*120*

     (1)　各指標と参加者割合との関係　*120*

     (2)　各指標間の相関関係　*124*

     (3)　考察　*125*

   7. 事業予算額と委託状況　*125*

（1） 各指標と参加者割合との関係　*125*

（2） 各指標間の相関関係　*128*

（3） 考察　*129*

8. 介護予防事業参加者割合の増減と各指標との関連性　*130*

（1） 参加者の増減によるグループ分け　*130*

（2） 介護予防事業参加者割合の増減と各指標の差異　*130*

（3） 考察　*131*

9. 介護予防事業以外の健康維持対策の取り組み　*131*

（1） その他の健康維持対策の取り組み　*131*

（2） 介護予防事業とその他の健康維持対策の関係　*132*

（3） 考察　*133*

10. 機能訓練事業を継続している自治体の特徴　*133*

（1） 機能訓練事業と介護予防事業の関連性　*133*

（2） 機能訓練事業を継続する自治体の特徴　*133*

（3） 考察　*136*

11. まとめ　*136*

第7章　介護予防事業における主体間連携の実態分析（その1）
　　　　― 広島県の3自治体を対象とした連携と変化 ― ……………… *139*

1. 分析の目的　*139*

2. 対象地域の特徴と調査方法　*140*

（1） 対象地域の特徴　*140*

（2） 調査方法　*143*

3. 調査結果（大崎上島町）　*144*

（1） 事業の概要　*144*

（2） 連携の実態　*145*

（3） 連携の変化　*149*

4. 調査結果（庄原市）　*150*

（1） 事業の概要　*150*

vi

 (2) 連携の実態 *151*

 (3) 連携の変化 *156*

5. 調査結果（廿日市市） *157*

 (1) 事業の概要 *157*

 (2) 連携の実態 *158*

 (3) 連携の変化 *163*

6. まとめ *164*

第8章　介護予防事業における主体間連携の実態分析（その2）
  — 広島県の3自治体の共通性と固有性に着目して — ………… *166*

1. 分析の枠組み *167*

2. 主体間連携の現状（2012年度） *167*

 (1) 連携方式の違い *167*

 (2) 比較と考察 *167*

3. 3自治体の主体間連携の変化 *169*

 (1) 連携主体変化の把握 *169*

 (2) 比較と考察 *169*

4. 主体間連携による効果 *170*

 (1) 効果の把握 *170*

 (2) 比較と考察 *172*

5. 主体間連携における課題とその対応 *174*

 (1) 課題の把握 *174*

 (2) 比較と考察 *176*

6. 事業の継続性と改善への取り組み *180*

 (1) 事業移行の実態 *180*

 (2) 比較と考察 *182*

7. まとめ *183*

目　次　vii

第9章　結論 ……………………………………………………… 187

　1. 主体間連携に関わる発見事実　*187*

　2. 政策形成における自治体の役割　*190*

　3. 本書に期待される社会的貢献　*191*

　　(1)　学問上の貢献　*191*

　　(2)　実務上の貢献　*193*

　4. 残された研究課題　*195*

参考資料1　アンケート調査用紙（第6章）………………………… *197*

参考資料2　ヒアリング調査用紙（第7章・第8章）……………… *207*

参考資料3　ヒアリング調査用紙（第7章・第8章）……………… *214*

参考文献 …………………………………………………………… *217*

謝辞 ………………………………………………………………… *232*

第1部

理 論 編

第1章
序　論

　健康は社会のさまざまな事象により影響を受けている。高齢者の健康は単に医療的な視点のみで維持できるものではなく、政策的な視点によるさまざまな対応が欠かせない。日本を含む先進諸国において高齢化が進行しており、それに伴って社会保障制度の改革が進められている。今日の社会保障における改革として、公的福祉と国民負担の見直し、サービスを提供する行政主体の再編成、多様な民間主体の活用、市民参加などがある。わが国においては、高齢者関連の制度として、多様なサービス提供主体を活用する介護保険制度が、2000年度より開始されている。要介護状態への移行の原因となる疾患には、脳血管障害等の後遺症のほか、必ずしも病気とはいえない身体的および精神的な機能低下の状態があり、これらを虚弱という。Fried（2001）は虚弱の要素として体重減少、筋力低下、疲労感、歩行速度の低下、身体活動量の減少をあげている。このような虚弱な高齢者を対象として、2006年度から介護保険制度のもとで介護予防事業が行われている。

　本書は、虚弱高齢者の健康維持をねらいとして実施されている介護予防、地域包括ケアを主題とする。公的主体から多様な主体によるサービスに代替される移行過程にどのような課題が生じたのか、また、主体間連携の有効性を、明らかにすることを目的とする。これまで、医療福祉の連携の在り方の事例は、数多く報告されているが、人口規模、社会資源が異なる地域に同じ方法を取り入れることは困難である。自治体の特性に合った多様な連携があるのではないだろうか。

1. 本書の目的

　介護予防・地域包括ケアに限らず、今日の日本の公的サービスの提供は多様な主体の活用により成り立っている。多様な主体を活用することの利点は、効率的であり、さまざまなニーズに対応できる、柔軟性がある等があげられる。ところが、多様な主体を活用することによるサービスの調整、規制、主体間の調整、費用の管理等の課題もあげられる。また、2000年度以降は、公的サービスの中心的な提供主体である自治体が市町村合併により再編成された。事業を行う自治体の予算や規模などの諸条件にも大きなばらつきがあり、その内部の調整も必ずしも容易ではなくなったと考えられる。これらをふまえ、これまでの多様な主体の連携に関する研究上の課題を図1-1に整理する。

　これまで医療福祉分野においては、介護予防に関わる多くの研究報告がなされてきた。連携による介護予防の事例、地域包括ケアシステムの事例も報告されているが、いずれもベストプラクティスである。人口規模、社会資源が異なる地域に同じ方法を取り入れることは困難である。また、うまくいかない事例の分析は見受けられない。さらに、医療ケアの必要な人のための最善の連携は、クリニカルパスにより疾患ごとにある程度確立しているが、健康支援の連携は未確立である。医療ケアの必要な人のための連携は専門職同士の連携で

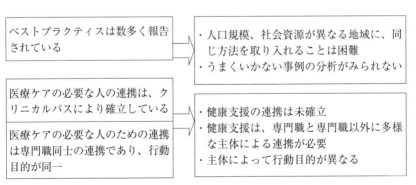

図1-1　医療福祉における主体間連携に関する研究上の課題
(筆者作成)

あり、行動目的が同一である。健康支援の連携における特徴は、専門職と専門職以外の多様な主体による連携である。このような多様な主体は行動目的が異なることから、その調整は容易ではない。また、連携そのものが理想として捉えられており、連携の生み出す課題や、ある時点において捉えられた連携の状態が、その後どのように変化するかは論じられていない。介護予防サービスが公的主体から多様な主体による提供に変化する際に起きた課題を検討することは、単に高齢者の健康維持や社会保障費の節減という目的だけではなく、福祉政策そのものが目的に適っていたのか、今後の改革にはどのような視点が必要であるかということにつながるものと考える。

次に図1-2に、本書の視点を整理する。まず、社会的背景として高齢化の進行と、それに伴う社会保障費用の増大、予防重視の政策転換があげられる。次に、社会的背景をふまえ、公的サービスを提供する主体において大きな変化が見られた。

市町村合併による行政のスリム化と、多様な主体の活用によるサービス提供

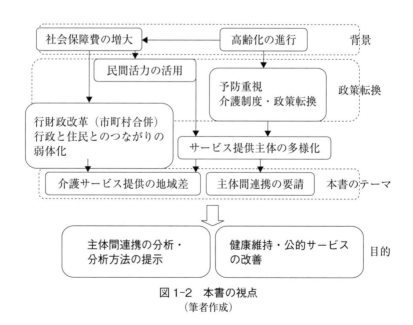

図1-2 本書の視点
(筆者作成)

の効率化指向である。ところがこのような公的サービス供給体制の変化は、自治体間の地域差の拡大と、多様な主体間の連携の要請という新たな課題を生み出した。

本書の目的をあらためて整理すると、上述の視点のもとで、高齢者の健康維持のために行われてきた介護予防事業の変遷を通して、現行の医療介護等の福祉政策の妥当性と、今後の望ましい方向を明らかにすることである。現在、日本の介護保険制度では、手厚い給付内容のため財政難となっており、この打開のために3年に一度という頻度で制度の見直しが図られてきた。その度に制度は複雑化し、事務的手続きの煩雑さと国の示す方向性に、地方自治体は振り回されているのではないか。今後の制度の持続性のためには、これまで行われてきた事業の検討が必要である。本書前半は、このような制度変更を理解するための基礎理論をまとめている。本書後半は、図1-3に示す機能訓練事業から介護予防事業、さらに新しい総合事業への2度の虚弱高齢者の制度転換を分析の対象としている。

本書では、特に高齢者の事業を対象とするが、その理由は2点ある。まず社会的には日本および先進各国において、高齢化による社会保障費の増加が課

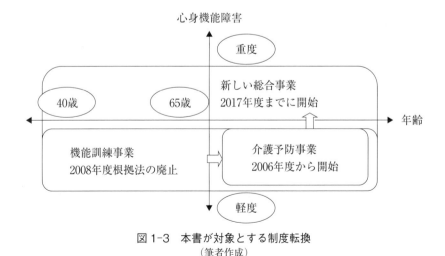

図1-3　本書が対象とする制度転換
（筆者作成）

題となっていることがあげられる。特に日本では、高齢者の介護保障として介護保険制度を選択し、手厚い給付を行ってきた。このような社会保険制度の長所は、目的が明確であること、保険料の徴収が直接的にサービス提供の充実に役立つことがあげられる。ところが、この手厚い給付を抑制するような制度の改定が行われている。給付を抑制しつつサービスの質を落とさないために、提案されたのは多様な主体による連携である。仮にこの主体間連携が作用し効果を上げる過程が提示できれば、わが国のみでなく高齢化に直面する他国の社会保障に対しても一定の示唆を与えるものになる。高齢者の問題を扱う理由として２点目に、各個人にとって人生の最後における過ごし方が大きな意味を持つことがあげられる。生きている限りできるだけ健康に安寧に暮らしたいというのは、誰もが感じている人間的欲求である。これを社会制度の工夫により叶えることができればと考える。また、高齢者の８割は要介護状態ではないことから、健康維持についての施策は重要なテーマでもある。

　さらに効率性や競争優位などの経済学的な視点（筒井 2013）にもとづいた医療福祉の連携の研究はあるものの、公益性の視点からは十分に捉えられていない。制度の持続性の観点から効率性は軽視されるものではないが、公的サービスの提供においては、行われた政策の妥当性や正当性、民意の反映や透明性の確保などの視点が併せて重要である。

　自治体の効果として効率性に注目すれば、事業にかかる費用（コスト）の低下、保険給付を抑える目的を叶えるものとして要介護者の減少、利用者の増加などがある。利用者の効果として健康維持を図る人（利用者）の増加や満足度、要介護認定者の減少、保険料の低下がある。これに対して、田尾（1990：pp119-139, 2014：pp.334-363）は行政サービスの特徴について、「結果としての公平、それに至る配分過程の円滑さが生産性の指標となるが、この結果と過程がトレードオフの関係になる事があり、それが行政組織の生産性評価を難しくしている。費やしたコストが少なかったという事だけが効率ではなく、合意や正当性を得るために費やした過程を質的に把握できる指標が設定されるべきである」としており、企業における効率性、競争優位とは異なる組織特性を指摘している。つまり企業組織の連携については、競争優位の視点からこれまで多く

の研究がなされているが、行政サービスに関わる連携については、効率性とは異なる評価が必要と考えられる。そこで介護予防事業の変化において、各自治体が選択した連携の手法は、公益性という目標を達成する政策手段として妥当であったかを検討する。

2. 本書の構成

本書における、全体構成と各章との関係を示す。まず前半の第1部は理論編として、第1章は問題意識と全体の構成、第2章では背景となる高齢化の進行、社会保障費の増大、その対策として行われた医療福祉政策について、第3章では予防重視の政策転換、介護保険制度の変遷についてまとめている。第4章では、市町村合併および予防重視と民間活力の導入により虚弱高齢者の健康維持の事業が、いかなる主体により運営されるようになったか、主体の役割について、第5章ではこれらの多様な主体の連携を理解するための理論をまとめ、主体間連携の特徴を捉えるための分析フレームを提示している。

後半の第2部は分析編とし、調査結果をまとめている。第6章においては事業の移行過程における地域差および課題を、アンケート調査と量的統計により検討する。第7章、第8章は第5章にて作成したフレームにより、特徴的な3つの自治体の事業の連携をヒアリング調査により分析する。これらから主体間連携の分析および分析方法の提示により、健康維持の公的サービスの質を改善する視点を提示することを本書の目的とする。第9章では、各章の成果をまとめ、特に主体間連携に関わる発見事実を整理する。また本書の評価と残された研究課題を説明する。

健康維持は個々の人々にとって重要課題であるが、健康状態の悪化した人の増加は社会に大きな影響を与える。高齢化により人は自然に健康状態の悪化を迎えるが、社会において高齢化が進めば健康状態が悪化した人々が増加することは免れない。高齢者が健康を維持することは老化と基礎疾患の増加により、若年者よりも困難を伴う。こうした高齢者に保健学的な検証は行われているが、本書では健康を取り巻く社会変化、特に社会制度に焦点を当てている。社

8 第1部 理 論 編

会の変化として高齢化、労働力人口の減少、社会制度の変化として介護保険などの制度、また、本書で扱う用語や制度、事業の成り立ちを詳細に述べる。先行研究をもとに健康維持に関わる事業、縮小していく機能訓練事業の果たした役割と課題、介護予防事業の意義について整理する。現在、介護予防・地域包括ケアは移行期にあり、これを担う自治体の変化としては市町村合併があった。さらにこの社会制度を支える供給主体の変化がある。こうした背景をふまえ、地域の実態をどのような視点から検討する必要性があるかをまとめる。

　主題の一つは機能訓練事業から介護予防事業への変遷における地域差である。機能訓練事業の目的は、公的サービスの提供であり画一的に行われてきたとされる。介護予防事業は多様な供給主体の活用による事業の活性化をねらいとしている。自治体の再編成と度重なる制度改変のもとで、介護予防事業は活性化したのか。もう一つの主題は公的サービスが提供される際の、政策過程における主体間連携である。

コラム１・社会保障と２つの財源

　社会保障とは、セーフティーネットであり、国民の相互扶助つまり助け合いの仕組みである。セーフティーネットとは、綱渡りの安全網のことである。人生ではさまざまな出来事（疾病、障害、介護、老齢、失業、貧困、出産）により、生活に困窮することが誰にでも起こる。先進国では、このような場合に備えて給付される金銭やサービスがある。その財源は国によって調達の方法が異なるが、税方式と保険方式の組み合わせである。税方式はさまざまな税として国民から徴収されたものをもとに予算が組まれ、いくつかの制度に分配され給付される。日本では障害者福祉や児童福祉、社会扶助である。保険方式は、目的別に決められた集団から保険料を徴収し、目的に合った人々に給付される。日本の公的保険は健康保険や介護保険、労働災害保険、年金保険である。

第2章

介護予防・地域包括ケアの背景

　本章においては、高齢化への対応として取られた福祉政策の変遷、現行の予防重視への政策転換に至る法律や制度の変遷、それによって生まれた政策課題を背景として整理する。

1. 高齢化の進行と社会保障費の増大

　近年日本では、生産年齢人口は減少し経済成長は停滞、高齢化率（総人口に占める65歳以上人口の割合）、社会保障費は継続的に増加している。総務省によれば、生産年齢人口（15〜64歳）は減少しており、1995年度の8,717万人から2014年度は7,785万人となっている。内閣府によれば高齢化率は2015年度に26.7％となり4人に1人以上が高齢者となった（図2-1）。また、平均寿命は2015年国勢調査によれば、男性80.5歳、女性86.8歳となった。

　高齢化による問題には、社会保障給付費や医療費の増加があげられる。経済成長が低迷する中、社会保障給付費の国民所得に占める割合は、1970年度の5.8％から2015年度は32.1％へと増加している（図2-2）。2015年度の時点において社会保障給付費はすでに年間110兆円を超える。社会保障制度の持続を主なねらいとして2014年度には消費税率が8％に引き上げられた。

　また、高齢者一人当たりの医療費に関して、その経費は65歳未満の4.7倍程度（内閣府 2013）とされており、高齢化の進行と共に、2015年度の医療費は37.5兆円となっている。つまり高齢者の健康維持は高齢者個人の問題にとどまらず社会全体の問題となっており、特に虚弱高齢者の健康状態の改善は社

10 第1部 理 論 編

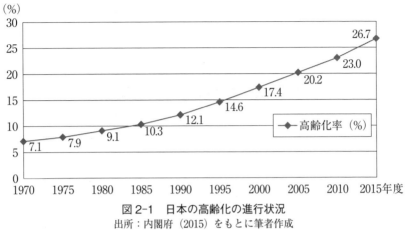

図2-1 日本の高齢化の進行状況
出所：内閣府（2015）をもとに筆者作成

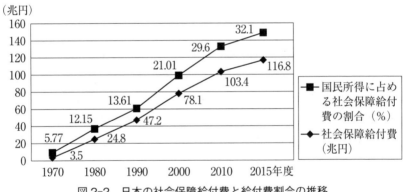

図2-2 日本の社会保障給付費と給付費割合の推移
出所：内閣府（2015）をもとに筆者作成

会保障上大きな意味を持っている。虚弱高齢者とは要介護状態になるリスクの高い高齢者のことである。辻（2006：pp.14-15）は、「介護保険制度の要介護認定を受けた者の悪化率について、もともと軽度であった者ほど悪化率が高い」ことから、軽度要介護者への予防重視の取り組みの重要性を強調している。さらに、辻（2006：pp.20-22）は「欧米の人と比べて、日本人は長命であるものの、いったん障害を持つと機能低下が重症化し、寝たきりとなる割合が

高い」ことをあげている。よって、いかに高齢者の健康状態を維持し、機能低下を予防するかが重要課題とされる。日本老年医学会（2014：p.1）はFriedら（2001）が指摘する虚弱の要素をふまえて虚弱の概念を整理し、高齢化は不可逆的であるが、活動性の低下による意図しない衰弱は可逆的であるとして、介護予防の対策を呼びかけている。

　厚生労働省（2015）によれば、高齢者中に占める要介護者・要支援者の割合は高齢者全体の17.9％であり、このようなケアの必要な高齢者のために、後述する地域包括ケアシステムなどのサービス提供システムが構築されつつある。一方で、介護保険の要介護者・要支援者に該当しない人々は、高齢者の約8割であり、その健康維持として介護予防は重視されるべき政策課題となっている。現在、提案されている地域包括ケアシステムは介護予防を含む概念であるが、ケアが必要な人へのサービス提供体制が重視されており、高齢者の大半が対象となる健康維持の体制については、十分な議論がなされていない。こうした観点から、介護予防の提供体制や課題を明らかにする必要がある。

2. 諸外国での虚弱高齢者対策と実施主体

　介護予防事業を含む虚弱高齢者対策は、諸外国ではどのように取り組まれているのか。高齢化率が14％を超える国では、1990年代から介護に関する取り組みがなされた。スウェーデンでは1992年にエーデル改革が行われ、高齢者の長期介護や健康管理の権限が県から市町村に移管した。市町村レベルで介護の充実を図り、病院から在宅ケアやケア付き住宅への誘導を図った。イギリスでは1993年からコミュニティ・ケア改革が実施され地方自治体サービスの民間委託の推進や、ケアマネジメントによるサービス提供が構築された。このように介護を必要とする人に対するサービスや手当てを社会保障制度として設けている国は多数存在するが、財源調達に注目すると、多くの国では公費負担を財源とする社会扶助方式を採択しており、社会保険方式をとっている国は少ない。そこで介護保障について社会保険方式を採択している国、特に介護保険制度が施行されているドイツ、韓国との比較について整理する。介護保険制度は

12 第1部 理 論 編

このほかオランダ、ルクセンブルクに存在するがいずれも現金給付が主である
ため、現物給付サービスを行う国の比較対象としてドイツと韓国を選択する。

表2-1に日本、ドイツ、韓国の介護保険制度の比較を示す。ドイツでは
1994年度に介護保険法が成立し、1995年度から施行された。日本ではドイツ
の介護保険法を参考として議論が行われ、1997年度に介護保険法が成立し、
2000年度から施行された。また、韓国の介護保険法はドイツと日本の介護保
険制度を参考として検討され、2007年度に成立し、2008年7月から施行され
ている。日本の介護保険制度は医療保険と同様、保険料に公費を加え運営され
ている。先に始まったドイツの介護保険は、ドイツの医療保険と同様に保険料
のみで運営されているため、日本ほど保険給付の範囲が手厚くない。日本で要
介護3に相当する心身状態の者でなければ、サービスが保険給付されない。た
だし、日本と韓国では高齢者が対象であるのに対して、ドイツの介護保険の対
象年齢は全年齢とされている。

韓国の介護保険制度はサービス供給の地域差に対する対策として家族介護
手当てが盛り込まれている。日本の介護保険でも検討された家族介護手当てと

表2-1　介護保険制度の各国比較

	日本	ドイツ	韓国
法制定年次	1997年	1994年	2007年
法施行年次	2000年	1995年	2008年
保険者	市町村 (施行時約3千)	介護金庫 (全国に7つ)	健康保険公団 (国に1つ)
被保険者	40歳以上	医療保険加入者	健康保険加入者
給付対象	原則高齢者	全ての年齢	原則高齢者
要介護度評価	7段階	4段階	3段階
現金給付	なし	あり	島・僻地はあり
利用者負担	10%（2016年現在は一定以上の所得のある者は20%）	なし、定額を超えると自己負担	在宅給付15% 施設給付20%
財源構成	公費：保険料＝1：1	保険料のみ	国庫：保険料＝1：4

出所：増田（2007）をもとに筆者作成

は、介護サービスを受けず家族介護を継続するものに対して現金給付を行うものである。家族介護を続ける理由として、他人に任せたくないという家族の心情の他に、サービス供給が不足しているため受給できないというものがある。これは島嶼部や僻地などサービス事業所が参入しない地域である。また、日本の介護保険制度においては在宅サービスを推進したものの、一定の利用者負担のため安心感から施設サービス利用者が増加し、介護保険財政を圧迫した。これに対して韓国は施設サービスの利用者負担を在宅サービスより高く設定することにより、在宅サービスに誘導している。このような地域差への対応は日本でも必要と考えられる。

　藤本（2014）によれば、ドイツにおいて介護保険サービスを提供する主体としては、民間の非営利団体の存在が大きい。カトリック系のカリタス、プロテスタント系のディアコニーというドイツ全土にネットワークを持つ団体が、入所サービスと在宅サービスを行っている。ドイツでは介護保険以前に、日本のような老人福祉制度が無かったために、施設利用が困難である場合は日本の生活保護に相当する社会扶助を受けるしかなかった。非営利団体のサービス提供が主であるため、日本のような大手の介護事業者はドイツには存在しなかった。その後、増田（2014：pp.1-18）によれば、介護保険制度が民間事業者の参入を促進し、介護サービス事業者の6割が有限会社等の民間事業者、4割が非営利団体であり、自治体のサービスは2％となっている。斎藤（2013）は、ドイツでは2011年まで徴兵義務があったことにより兵役拒否者が代替として福祉業務で奉仕していたとしている。また、宮本（2016）によれば2015年における介護手当ての受給者と介護事業者等からのサービス受給者の割合は、4対6となっている。つまりドイツの介護保険におけるサービス提供主体と提供体制は日本と大きく異なる。

　一方、韓国の介護保険サービスの実施主体は、金（2014）によれば在宅サービス、施設サービスともに、国と地方自治体である。それ以外の実施主体は自治体に申告の義務がある。韓国では介護保険以前にも老人福祉サービスがあり、1981年から老人福祉施設、1987年からホームヘルプサービス、1992年からデイサービスが行われてきた。このうち、介護予防事業に相当するサービス

を提供すると考えられる老人余暇福祉施設は老人福祉会館、敬老堂（老人亭）、老人教室の3種類がある。対象者はすべて60歳以上で、老人福祉会館は無料か軽費で高齢者の各種の相談に応じ、教養、趣味活動および社会活動に対する情報提供を行い、健康増進と疾病予防、福祉に関する総合的なサービスを提供すると規定されている。敬老堂（老人亭）は高齢者が自律的に親睦活動、趣味活動、共同作業など多様な情報交換を行う場所とされており、100世帯ごとに1カ所の設置が義務付けられており、大部分のアパート団地に設けられている。老人教室は高齢者の社会活動の場であり生涯学習の提供を目的としている。いずれも主たる実施主体は国と地方自治体であり、民間事業者が設置する場合は国と地方自治体に申告が必要である。

　増田（2014：pp.192-210，2016：pp.135-155）によれば、ドイツ、韓国と比較すると日本の介護保険法は3つの問題を抱えている。1点目は給付が手厚いために財政難となっていること、2点目は制度が複雑なために保険者・被保険者・事業者・審査機関間の事務的コストがかかること、3点目は家族介護手当が無いために家族外のサービスを受けなければならないこと、そのため多大なサービス提供が必要なことである。日本における家族介護手当に相当するものは、一部の自治体では地域支援事業の任意事業として家族介護慰労金などの名称で設けられている。2009年の時点で44.5%の自治体にこの制度があるが、2014年まで任意事業の予算限度額があったこと、所得制限や要介護度の条件があり、1年間介護保険サービスを受けていないことなどを理由とした受給要件の厳しさから一般化していない（權2009）。こうしてみると介護保険制度において、多様な実施主体によるサービスを活用する必要性や、主体間の調整が必要であるのは現在のところ日本だけであり、主体間連携の事例に関しては日本国内において検討するのが適切であると考えられる。

3. 高齢者福祉政策の変遷

　日本の高齢者を対象とした医療介護等の福祉政策の変遷を表2-2に示す。
ここでは、国民皆保険が創設された1961年度から、老人保健法が廃止された
2008年度の間の福祉政策の変遷を説明する。1961年度、国民皆保険が実現し
たことにより、医療アクセスが向上し平均寿命が伸長した。1973年度、高額
療養費制度が発足し一定以上の医療費の支払いに対して自己負担分の返還がな
されることになり、実質的に医療費の上限が無くなったことから、さらに医療
需要は増大した。他方、医療技術の向上と福祉の充実により医療費は増大し、
財政の窮迫した国民健康保険組合に対して1978年には国庫補助率が増加した。

　国民皆保険が実現した当時、国民健康保険の加入者および被用者保険の家族
の高齢者については3割ないし5割の自己負担が必要とされていた。これに対
して1969年頃から一部の地方自治体では、住民からの要請により独自の老人
医療制度が創設されていった（柳澤2004）。地方自治体の動きを背景に1970
年度には豊かな老後のための国民会議が開催され、中央社会福祉協議会から
コミュニティ・ケアが答申された。また、1971年度の厚生省内の老齢者対策
プロジェクトチーム中間報告を踏まえ、1972年度の老人福祉法の一部改正に
より1973年度には福祉元年の象徴とされた70歳以上の老人医療費の無料化、
高額療養費制度が成立した。無料である老人医療費は、高齢者の医療アクセス
を高め平均寿命の伸長に寄与した。

　ところが1978年度、国民健康保険組合に対して国庫補助率が増加してきた
ことが指摘される。同時期のオイルショックによる経済成長率の低下により、
1981年度には第二次臨時行政調査会が設置され（丸山1987）、福祉見直し論
が台頭する。高齢者関係の制度で特に注目された抑制対象は老人医療費であ
る。老人医療費の無料化が、社会的入院を促し医療費を増大させ社会保障財政
を圧迫したとされる。

　そこで予防医学へのシフトにより将来に必要と見込まれる医療費を削減す
ることをねらいとして、増加する老人医療費を国民全体で負担する仕組みの確

16 第1部 理論編

表 2-2 高齢者福祉に関わる法律・制度と政策・事業の変遷

年度	法律	制度・政策	事業
1961		国民皆保険制度創設	
1972	老人福祉法一部改正		
1973		老人医療費無料化制度創設	
1978		高額療養費制度創設 国民健康保険組合に対して国庫補助率が増加	
1983	老人保健法施行		老人保健事業第1次計画施行（健康手帳、健康教育、健康相談、健康診査、機能訓練事業、訪問指導開始）
1985		都道府県医療計画の策定	
1987		高齢者保健福祉推進10ヵ年戦略（ゴールドプラン）の策定	老人保健事業第2次計画施行（重点健康教育にがん・寝たきり予防追加、基本健康診査にがん検診の導入、重点教育に骨粗しょう症追加、健康診査に生活習慣改善項目導入）
1992		訪問看護制度創設	老人保健事業第3次計画施行（重点健康教育に大腸がん・糖尿病予防、基本健康診査に血液成分追加、訪問指導に生活習慣改善・認知症追加）
1994		老人保健福祉計画の策定	機能訓練事業B型（地域参加型）追加
2000	介護保険法施行		介護予防地域支え合い事業施行
2003	健康増進法施行		
2006		介護保険第4期計画（健康日本21との統合）の策定	地域支援事業（介護予防事業）施行
2008	老人保健法廃止	後期高齢者医療制度施行	

(筆者作成)

立や、国民の老後における健康の保持を目的とした老人保健法が1983年度に施行された。老人保健法においては老人医療費が復活したが他方で、主要な保健事業として、機能訓練事業、健康診査、訪問指導が開始された。このうち機能訓練事業とは、自治体が主体となり40歳からの疾病や外傷、老化等により心身の機能が低下している者に対し、必要な訓練を行う通所事業のことである。

1985年度には都道府県医療計画の策定、1987年度に高齢者保健福祉推進10カ年戦略（ゴールドプラン）が策定され計画的な目標設定がなされた。1992年度に開始された訪問看護制度により、医療の場が在宅へと拡大した。1994年度の老人保健福祉計画により機能訓練事業の対象者が拡大し、2000年度には介護保険法に定めた後述する介護予防地域支え合い事業が施行された。なお、介護保険関連の制度の変遷については、次の項および第3章において整理する。

この他、2003年度には予防を重視した健康増進法が施行され、2006年度には介護保険第4期計画において、予防の概念が強調されて健康日本21との統合が図られた。健康日本21とは、健康増進法に基づき策定された「21世紀における国民健康づくり運動」のことであり、健康増進に関わる具体的な方針や目標等を揚げ、健康増進計画の策定を都道府県および市町村に努力義務としたものである。さらに2008年度には、拠出金の負担を見直す観点から、高齢者医療費の根拠法となっていた老人保健法が廃止され、進行する高齢化に対して、高齢者に新たな負担を求める後期高齢者医療制度が開始された。これに伴い、機能訓練事業は健康増進法のもとに行われることとなり、任意事業となった。

次に、説明する介護保険法のもとで実施された事業を含め、虚弱高齢者対策の事業を比較し表2-3に示す。まず、老人保健事業の機能訓練事業は老人保健法を根拠法として1983年度に開始された。実施主体は市町村である。財源構成は国3分の1、都道府県3分の1、市町村3分の1、支給の上限は無く、対象は40歳以上、対象選別は無く本人の申し込みによる。和田（2007：p.19）によれば老人保健法によるヘルス事業は40歳以上を対象としているが、これ

18 第1部 理 論 編

表2-3 虚弱高齢者対策事業の比較

事業名	老人保健事業（機能訓練事業）	介護予防地域支え合い事業	地域支援事業（介護予防事業）
開始年度	1983	2000	2006
根拠法	老人保健法	介護保険法	
実施主体	市町村	市町村・委託可能	
財源構成（負担割合）	国3分の1 都道府県3分の1 市町村3分の1	国2分の1 都道府県4分の1 市町村4分の1	国4分の1 都道府県8分の1 市町村8分の1 第1号保険料6分の1 第2号保険料3分の1
支給の上限	無し		介護保険給付費の3%以内、政令で定める範囲
対象	40歳以上	おおむね60歳以上、運動指導40歳以上	65歳以上、第1号被保険者
対象選別	無し		基本チェックリスト、体力測定
事業内容	通所		予防マネジメント（個別プラン）・通所（運動・口腔・栄養）・訪問
目標	無し		対象：高齢者の5% 効果：介護の必要者20%減
運営	保健所 県・政令市	市町村介護保険課	保健センター 地域包括支援センター

注：地域支援事業の財源構成は2006年度のものである。

(筆者作成)

は生活習慣病などの有病率が40歳を超えたあたりから高くなることに基づく。機能訓練事業には通所と訪問の事業があり、特定の目標設定はない。運営は保健所と県、政令市である。介護予防地域支え合い事業、地域支援事業（介護予防事業）については後述する。

　これまでの虚弱高齢者施策の変化についてまとめると、まず根拠法の変化、実施主体の変化がある。財源は、試験事業であった介護予防地域支え合い事業では国庫負担が増加しているが、地域支援事業では国庫負担は軽減し保険料

が追加されて、国民に負担を求める形となっている。ただし支給額には上限が設けられ計画性はある。老人保健事業から介護予防地域支え合い事業、地域支援事業へと変化する度に対象年齢は絞られ、さらに地域支援事業ではスクリーニングによる絞り込みが行われている。介護予防地域支え合い事業、地域支援事業へと移る中で給付を抑える目的により、年齢と身体状況は絞り込まれてきた。また地域支援事業から、個別のケアプランが立てられ、目標設定がなされて効率性が追求されている。介護予防地域支え合い事業から地域支援事業への変化に伴い、運営は利用者に身近な公的機関によって、担われるようになっている。

コラム2・社会的入院

　疾病を負った心身の状態が落ち着き、在宅でも過ごせる状態となったが社会的な理由（家族の受け入れ態勢の不足や独居、居住・生活の不安など）により入院を継続することを社会的入院という。1980年代の日本では高齢者の社会的入院について注目されていたが、アメリカやイギリスでは精神障害者の社会的入院が課題とされていた。

---

4. 機能訓練事業から介護予防事業への移行

（1）老人保健法の廃止と縮小される機能訓練事業

　老人医療費の削減を目的とした老人保健法であったが、進行する高齢化のもと、高齢者に新たな負担を求める介護保険制度、後期高齢者医療制度の創設により、法律および事業の見直しが図られることとなった。機能訓練事業の法的根拠である老人保健法は1983年度から施行され、老人医療費の負担に対する社会連帯を基礎としていたが、2008年度から後期高齢者医療制度に切り替えられた。府川（2010：p.42）は、「老人保健制度の課題として医療保険者からの老人保健拠出金に対する不満、国保に加入している高齢者と被用者保険の被扶養者との間で保険料負担の格差があったものの、制度変更の理由は少子高齢化による社会連帯の弱体化が原因」としている。

　制度移行とともに、介護保険の通所型サービスの増加により機能訓練事業の

20 第1部 理 論 編

表2-4 通所サービス対象者の身体状況・年齢と受けられるサービスの関係

身体状況		対象年齢	受けられるサービス
状態	原因疾患		
介護保険の要介護・要支援認定	問わない	65歳以上	介護保険の通所リハビリ、通所介護
	16種類の特定疾患	40から64歳	介護保険の通所リハビリ、通所介護
	特定疾患以外	40から64歳	機能訓練事業A型
虚弱	問わない	65歳以上	介護保険地域支援事業の介護予防事業
		40から64歳	機能訓練事業B型

(筆者作成)

利用者は減少してきた。表2-4に示すように、機能訓練事業にはA型、B型、混合型の3種類がある。A型は基本型と呼ばれるものであり、障害のある40歳以上の人を対象として送迎サービス付き、B型は地域参加型と呼ばれるものであり、虚弱な人を対象として送迎サービス無し、混合型はA型とB型を合わせたものである。

　ところが2008年4月老人保健法の廃止に伴い、高齢者の健康維持に一定の役割を担っていた機能訓練事業は、健康増進法のもと自治体の任意事業となった。機能訓練事業が中止された場合、40歳以上65歳未満の特定疾患以外の人、虚弱な人については、健康維持サービスが必要でありながら受けられなくなる可能性が生じた。

　機能訓練事業、介護予防事業とそれらの代替として考えられる通所サービスについて施行の年代順に表2-5に示す。老人デイサービスの開始は1963年度であり根拠法は老人福祉法、対象者は心身に障害のある65歳以上である。老人デイケアは1983年度に老人保健法により施行され、対象は老人デイサービスよりやや重度の認知症、脳血管障害のある65歳以上である。介護保険開始後、老人福祉法を根拠法とする老人デイサービスは介護保険の通所介護に移行し、老人保健法を根拠法とする老人デイケアは介護保険の通所リハビリテーションに移行した。その他、社会福祉協議会は、老人福祉法の中で行ってきたデイサービスが介護保険に移行した後、介護保険対象外の心身の障害の状態が

第2章　介護予防・地域包括ケアの背景　*21*

表2-5　各種通所サービスと対象者

名称	開始年度	根拠法	対象者	実施主体	備考
1. 老人デイサービス	1963	老人福祉法	心身に障害のある65歳以上	社会福祉法人	2000年度より通所介護に名称変更し、介護保険に移行
2. 老人デイケア	1983	老人保健法	認知症、1988年より脳血管障害を含む65歳以上	医療法人	2000年度より通所リハビリテーションに名称変更し、介護保険法に移行
3. 機能訓練事業	1983	老人保健法	心身に障害のある40歳以上	保健所	2008年度より健康増進法に移行
4. ミニデイサービス・地域サロン	2000	なし	地域の高齢者、障害者	社会福祉協議会	介護保険法開始により通所サービスの対象外となった人の受け皿となる
5. 介護予防事業	2006	介護保険法	体力の低下した65歳以上	保健センター等	
6. 小規模多機能型居宅介護	2006	介護保険法	要支援者、要介護者	法人格を持つ施設	地域密着型サービスであり、当該市町村に住所地のある者しか利用できない
7. 障害者通所サービス	2006	障害者自立支援法	介護保険対象外の精神、知的、身体障害	社会福祉法人	2013年度より対象者に難病を追加し障害者総合支援法に移行

(筆者作成)

　軽度の高齢者、障害者を対象としてミニデイサービスや地域サロンという名称の通所サービスを行っている。

　また、2006年度から介護保険制度において地域密着型サービスとして、小規模多機能型居宅介護が行われている。地域密着型サービスは、住民に身近なサービスの受け皿を設けサービスの充実を図る目的で創設され、他の介護保険サービスが都道府県による認可であるのに対して、市町村の認可により開設

が可能である。しかし、他のサービスは住所地がどこでも利用できるが、この地域密着型サービスは当該市町村に在住するものしか利用できない。利用者は29人以下の施設で、通所機能のほか、訪問や短期入所にも対応している。さらに、2006年度から障害者自立支援法が開始され、介護保険の対象以外の障害者に対して通所サービスが行われている。2013年度より、この法律は障害者のみならず難病を対象に含み改正され障害者総合支援法へ移行している。

表2-5に示した1から7のサービスを提供する対象者の年齢と心身状態を図2-3に整理する。この図より機能訓練事業の対象者は、年齢と心身状態の幅広い範囲に分布していたと言える。

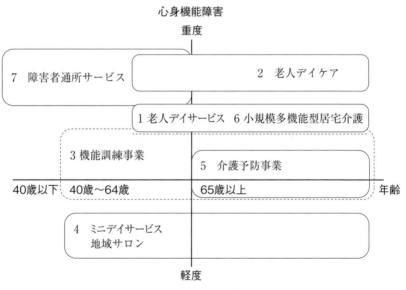

図2-3 通所サービスの対象者の年齢・心身機能と
各種事業・サービスとの関係
(筆者作成)

> **コラム3・高齢者の在宅サービス**
>
> 　高齢者のための在宅サービスは、大きくわけると3種類ある。通うサービス、訪問サービス、短期入所サービスである。通うサービスは一日のうち一定時間を施設等で過ごし、入浴や食事、リハビリテーションなどのサービスを受けるものである。訪問サービスは看護師、理学療法士、作業療法士、言語聴覚士、医師、薬剤師、管理栄養士、介護福祉士などが在宅に訪問し各種の専門的サービスを提供する。短期入所は体調を整える目的の療養と、食事、入浴、排せつなどをサポートする生活介護の2種類がある。

（2）機能訓練事業の縮小

　機能訓練事業の縮小についての実態と事業縮小後のサービス提供については澤ほか（1999）の報告がある。同報告「老人保健法にもとづく機能訓練事業全国実態調査報告」によれば、1998年当時の機能訓練事業の状況は、①実施時間は2時間前後、②会場は、保健センター、公民館、老人福祉センター、③プログラムは上位から集団体操、レクリエーション、手工芸、④関わる職種は、保健師、看護師、理学療法士、⑤対象者の疾患は上位から脳卒中、変形性膝関節症、認知症、⑥年齢は65歳以上が74％、40歳以上65歳未満が25％、40歳未満が1％であった。また、機能訓練事業の存続については、「社会参加の場として必要」が最も多く、次いで「介護保険外の人に必要」という意見が多かった。保健センターとは市町村が健康づくりを推進するために設置した健康相談、健康教育、健康診断等の保健サービスの総合拠点である。老人福祉センターとは老人福祉法に基づく老人福祉施設の一つであり、地域の高齢者に対して無料または低額で各種の相談に応じたり、健康の増進、教養の向上やレクリエーションのための便宜を提供したりする施設である。

　澤ほか（2004）による2002年の調査によれば、対象者の疾患に変化はないが、65歳以上が85％、40歳以上65歳未満が15％となっている。機能訓練事業が中止された自治体では、健康維持サービスが必要である40歳以上65歳未満の特定疾患以外の障害のある人や、虚弱な人について、こうしたサービスが受けられなくなる可能性が生じていた。同調査において機能訓練事業を中止

24 第1部 理 論 編

した実施主体の理由は、介護保険制度で対象者が重複し、利用対象者の減少が著しくなったから61.6%、機能訓練事業に代わる事業を始めたから37.0%、予算がつかなくなったから12.5%、担当者の不足が生じたから8.3%であった。

浜村（1999）、大田（2000）は機能訓練事業の意義について、年代も障害も幅広い層を担っている、行政主導で利用者を把握し社会参加に導く、ピアサポートの場として活用できる、利用者家族・ボランティア・子供たちなどを巻き込んで自主グループを生み社会的広がりへと展開することをあげている。

また澤ほか（1999）によれば、介護保険開始後に機能訓練事業が必要な理由（複数回答）として、社会参加の場として必要83%、介護保険対象にならなかった人のフォローアップに必要76.1%とされている。澤ほか（2004）の調査では社会参加の場として必要86.3%、疾病や介護の予防的な活動として必要73.2%となっており、機能訓練事業を中止された人の行き先（複数回答）としては、介護保険のサービスが75%、介護予防生活支援事業が39%であった。

（3）機能訓練事業の課題

機能訓練事業の課題として小島（1986）は高知県の機能訓練事業実施施設によるアンケート調査から、老人保健法に述べられているような地域医師会、保健所、老人クラブとの連携が確立していないこと、医学的機能訓練とは異なる社会的機能訓練の内容、対象者把握の不確立、市町村によって記録や評価が不統一であることをあげている。介護保険開始前であるが、大平（1996）は事業評価についてこれまで実施されていないと指摘している。また、及川（1999）は機能訓練事業に関してほとんどが保健師主導型で機能訓練の内容が決定・実施されており充分な訓練内容の検討・吟味やリハスタッフと保健・福祉スタッフとの連携が不足していると述べている。機能訓練事業は保健所、保健センターが主体となって実施されており、他主体との連携については検討されていない。よって、サービスが画一的になる可能性が指摘できる。

（4） 機能訓練事業と介護予防事業の関係

　2000 年 3 月厚生労働省から介護保険の施行に伴い、老人保健事業実施要領の全部改正が行われた。機能訓練事業の対象者について「要介護認定者は対象者にならない。ただし介護保険サービスを十分に確保することが困難な市町村においては当面に限り対象として差し支えない」とされている。澤ほか（2004）の 2000 年 7 月の機能訓練事業の実態調査では、介護保険の利用者は原則機能訓練事業併用禁止の通達により、機能訓練事業の中止が全国で 71 施設（実施施設全体の 3.9%）において確認された。浜村（1999）は「介護保険制度が定着することにより機能訓練事業の役割は変化し、最終的に虚弱高齢者を対象とした B 型機能訓練事業に集約されるだろう」と述べていた。また、西（1999）は「介護保険サービスを受けることができる者は、機能訓練事業の対象者ではなくなるが、介護保険サービスと機能訓練事業の連携などの工夫により、地域の実情に応じて柔軟に事業を実施することが必要である」としている。

　田中（2010）は事業担当者への調査により、機能訓練事業と介護予防事業の比較を述べている。介護予防事業は機能訓練事業と比べ、虚弱高齢者の早期発見と適切なかかわりがある、地域づくりの視点が明確である、機能訓練事業は理学療法士・作業療法士と他のスタッフとの協働の減少、家族支援や仲間作りが困難としている。また、松田（2011、2013）は介護保険サービスの利用者と機能訓練事業の関連について、機能訓練事業利用者が介護保険サービスを利用していない傾向があると述べている。松田は機能訓練事業を利用していたことにより介護保険サービスへのアクセスが閉ざされていたとする。しかし、すでに介護保険サービスの地域差が指摘されている（宜 2006）中、地域によっては介護保険サービスの供給量が低いなど、サービスを利用できない理由があるものと考える。

5. ま　と　め

　本章においては、高齢化とそれに伴う社会保障費の増加を抑えるためにとられた政策の変遷、背景を述べた。高齢化が進行するわが国において社会保障費の増加は深刻なものである。この対策として予防重視への政策転換が行われた。この予防重視への政策転換の要として、主題とする介護予防がある。本章においてはこの介護予防事業の背景となる度重なる制度変更について整理した。このような制度転換において、公的サービスは多様な主体によるサービス提供に変化してきており、それによる事業の活性化が期待されている。

第3章
介護保険制度の仕組みと変遷

　本章では、介護保険制度の仕組みと変遷について述べる。介護予防は制度の変化とともに、なぜ重要となったのか。介護予防の背景と、制度の変化から生じた課題をまとめる。

1.　介護保険制度の変遷

（1）　介護保険事業の開始

　高齢者人口の増加に伴い、介護を必要とする高齢者は増加し、介護問題は社会全体の問題となった。これらの基盤整備に要する財源は租税による公費であったが、1990年代の長引く経済不況の中、介護費用の財源として新たな財源の仕組みが検討された。こうして1997年度に介護保険法が成立し、2000年度から介護保険制度が施行された。

　次に介護保険サービスにおける利用の手順を図3-1に示す。被保険者あるいはその家族は、市区町村窓口へ介護保険利用の申請をする。訪問調査とかかりつけ医の意見書をもとに、介護認定審査会が開かれる。介護認定審査会において医師、看護師、理学療法士、作業療法士などの医療職と、社会福祉士などの福祉職および行政の保健師による協議が行われ、要介護度が決定する。非該当と要支援1・2の場合地域包括支援センターにおいて、要介護1から5の場合居宅介護支援事業所において、被保険者の意向に従いケアプランがつくられる。このケアプランをもとにサービスが開始される。申請から要介護認定までは30日以内とされる。非該当の場合は介護予防事業、要支援の場合は居宅

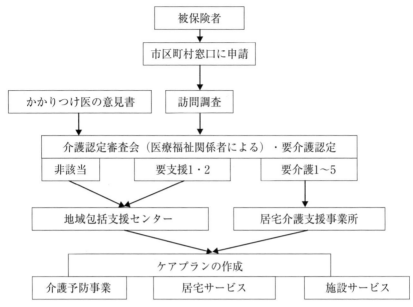

図3-1　介護保険サービス利用の手順
（筆者作成）

サービス、要介護の場合は居宅サービスと施設サービスを利用できる。要介護度により保険給付範囲の利用限度額は異なる。保険料の徴収は所得に応じた応能負担であり、制度開始当初の利用料は1割負担の応益負担であった。その後の制度改正により、現役並みの所得のある者は2割負担となった。さらに、3割負担とすることが検討されている（2017年度現在）。

> コラム4・介護保険計画などの行政計画
> 　日本では福祉分野の行政計画は、1987年のゴールドプラン（高齢者保健福祉推進10カ年戦略）がはじまり。国民のニーズを調査しそのニーズに見合ったサービスを供給できるように国、都道府県や市町村が計画を立てる。自治体により名称は異なるが、各根拠法に基づき地域福祉計画、介護保険計画、高齢者保健福祉計画、健康増進計画、医療計画、障害者福祉計画、次世代育成計画などがあり、都道府県が策定するものと市町村が策定するものがある。また、それぞれの計画は3年ごと、5年ごと、10年ごとと期間もさまざまなため整合性をとるのが難しい。各種の行政計画は各自治体のホームページで公開されている。

第3章　介護保険制度の仕組みと変遷　*29*

　介護保険事業計画は国が基本方針を定め（法第116条）、市町村はそれに即した介護保険事業計画を（法第117条）、都道府県は介護保険事業支援計画を（法第118条）定めることになっている。こうして第1期介護保険事業計画が開始された。第1期から第6期までの基本方針の内容と変更点を表3-1に示す。

表 3-1　介護保険事業計画各期の変遷

年度	期	内容	変更点
2000 ～ 2002	第 1 期	介護保険制度施行	要介護認定とその結果に基づくケアマネジメント
2003 ～ 2005	第 2 期		介護保険事業の要介護認定項目の拡充、福祉用具給付、ケアマネジメント報酬の拡充
2006 ～ 2008	第 3 期	予防重視、介護予防事業の開始	事業者の取り締まり強化 地域包括支援センター設置
2009 ～ 2011	第 4 期		介護従事者の処遇改善 事業規制の強化
2012 ～ 2014	第 5 期		24 時間定期巡回サービス、地域包括ケアシステムの推進
2015 ～ 2017	第 6 期		地域支援事業の変更、自己負担の増加

(筆者作成)

　第1期の特徴は、ケアマネジメントと要介護認定の開始である。フリーアクセスであった医療保険制度とは異なり、介護保険制度では給付制限のために限られた人にしかサービスを給付しない。またそのサービスとして介護認定の結果に対応してケアマネジメントが行われる。

　介護保険制度の保険者は市町村であり、国と都道府県が重層的に支える仕組みである。市町村への支援として、国費から介護保険関係事務費の2分の1相当の交付金を支給するほか、都道府県は財政安定化基金の設置、運営、市町村の求めに応じ都道府県が行う保険財政の広域化調整と保険料基準の提示などの支援を行う。介護保険が健康保険と異なる点として40歳以上の者から保険料徴収を行い、要介護認定とケアマネジメントにより給付制限を行うことが指摘

30 第1部 理 論 編

できる。介護保険制度は、「走りながら整える制度」と呼ばれ、5年を目処に
被保険者の範囲、保険料のあり方などについて全般的に必要な検討を行うこと
とされていたが、発足後3年において改善要望の高い事項については前倒しで
見直しがなされた。進行する高齢化をふまえて社会保障対策として創設された
介護保険制度であったが、その後の高齢化の進行に対応するため、介護予防事
業の試験事業として、虚弱高齢者を対象とする介護予防地域支え合い事業が行
われた。2000年から開始された介護予防地域支え合い事業の実施主体は、市
町村であるが、他の主体に委託してもよい。財源構成は国2分の1、都道府県
4分の1、市町村4分の1であり、支給の上限は無く、対象はおおむね60歳
以上とし、運動指導は40歳以上からである。対象の選別はなく、通所事業は
市町村の介護保険課が運営する。

　これより続く計画が第2期介護保険計画（2003年度から2005年度）であ
る。要介護認定に関する調査事項、ケアプランに関する報酬、福祉用具の給付
といった点について変更が行われた。第2期においての変更は、調査項目の勘
案、ケアプランに対する報酬増加、福祉用具の給付項目の拡大などのいずれも
拡充策である。

（2）　予防重視への転換 ― 介護予防事業の開始 ―

　2006年度に策定された第3期介護保険計画（2006年度から2008年度）で
は制度の持続性を確保するため、予防重視への転換が図られた。要介護度別の
介護が必要となる原因割合として、関節疾患や高齢による衰弱といった人々の
介護度は軽介護とされる要支援・要介護1とされ、要介護認定者の半数を占め
ていた。このような軽度の要介護者に適切なケアを行えば、身体状況に改善を
見込めるが、第1期、第2期介護保険では重度の人と同じサービスが提供され
ていた。そこで予防的な観点からサービス提供が見直されることとなった。そ
れまで介護保険サービス給付の非該当とされていた人達に、介護予防サービス
の提供が始まったのである。

　2006年度から介護予防事業を含む地域支援事業が、「要介護・要支援状態に
なる前から、高齢者一人ひとりの状況に応じた予防対策を図るとともに、地域

で自立した日常生活を送ること」を目的として実施されている。表3-2に示す
地域支援事業は、開始された時点においては①介護予防事業、③包括的支援事
業、④任意事業で構成された。

　介護予防事業は、介護保険法第115条の44項の規定に基づき、要介護状態等
ではない高齢者が、要介護認定者になることへの予防または要介護状態の軽減
もしくは悪化防止のための事業であり、市町村が実施するものとされた。表3-
2に示す地域支援事業のうち①介護予防事業は一次予防事業（一般高齢者施策）
と二次予防事業（旧特定高齢者施策）に分けられ、前者の一次予防事業（一般
高齢者施策）は介護予防普及啓発事業と地域介護予防活動支援事業に分けられ

表3-2　地域支援事業に含まれる個別事業の内容

個別事業	内容		
①介護予防事業 2006年度から	一次予防事業（一般高齢者施策）	介護予防普及啓発事業	パンフレット作成や広報
		地域介護予防活動支援事業	健康維持活動団体への資金・物品支援
	二次予防事業（旧特定高齢者施策、虚弱高齢者施策）	通所型事業	運動機能向上、口腔機能改善、栄養状態改善
		訪問型事業	うつ・閉じこもり予防
	二次予防事業評価事業	事業評価	
②介護予防・日常生活支援総合事業 2012年度から	要支援者と虚弱高齢者に対しての介護予防や配食・見守り等の生活支援サービス、権利擁護、社会参加などの多様なサービスを市町村の判断により提供する。		
③包括的支援事業 2006年度から	介護予防ケアマネジメント、総合相談支援業務、権利擁護業務、包括的・継続的ケアマネジメント支援事業（支援困難事例に関する介護支援専門員への助言、地域の介護支援専門員のネットワークづくり）		
④任意事業 2006年度から	市町村が地域の実情に応じて提供。介護給付費適正化事業、家族介護支援事業、成年後見制度利用支援、住宅改修支援など		

注：実施する市町村は①と②のいずれかを選択、③は必須、④は各市町村によって内容が
　　異なる。
出所：全国介護保険担当課長会議（2014）をもとに筆者作成

32 第1部 理 論 編

る。介護予防普及啓発事業はパンフレット作成や広報など、後者の地域介護予防活動支援事業は健康維持活動を行う団体、主として自主グループに対する活動資金や必要物品の援助である。二次予防事業（旧特定高齢者施策）には通所型事業と訪問型事業があり、前者の通所型事業は必要に応じて運動機能向上、口腔機能改善、栄養状態改善のプログラムを提供し、後者の訪問型事業は、うつ・閉じこもり予防を目的として保健師が自宅を訪問するサービスである。

2012年度には②介護予防・日常生活支援総合事業が追加され、市町村は介護予防事業あるいは介護予防・日常生活支援総合事業のどちらかを選択し実施することとなった。このほか③包括的支援事業は介護予防ケアマネジメント、総合相談支援業務、権利擁護業務、包括的・継続的ケアマネジメント支援事業（支援困難事例に関する介護支援専門員への助言、地域の介護支援専門員のネットワークづくり）である。④任意事業は市町村独自の介護保険サービスであり、市町村が地域の実情に応じてサービスを提供する。これには介護給付費適正化事業、家族介護支援事業、成年後見制度利用支援、住宅改修支援などがあげられる。

次に介護予防事業の利用手続きを、図3-2に示す。介護予防事業の参加までの経路は、大きく分けて4通りある。要介護認定を受けて非該当となった場合、医療機関の受診による場合、市町村の集団健康診査による場合、保健師や民生委員の訪問による場合の4通りである。いずれも対象は65歳以上の者に限られる。保健センター[1]や医療機関で基本チェックリストという日常の活動度を表す問診と、体力テストを受ける。一定以下の体力と活動水準が認められたものを、一次予防事業対象者と二次予防事業対象者に分け、地域包括支援センター[2]にて介護予防ケアプランが作成され、利用者に対して運動や栄養指導といったプログラムが提供される。一般的な予防概念から一次予防は健康増進、二次予防は早期発見早期治療を指し、一次予防事業対象者は一般の高齢者、二次予防事業対象者は虚弱な高齢者とされている。市町村によっては、送迎サービスを行う場合もある。機能訓練事業の運営、実施ともに市町村であるのに対して、介護予防事業の運営は市町村であるが実施は民間事業者に委託してもよいことになっている。介護予防事業の開始当初の財源構成は国4分の1、

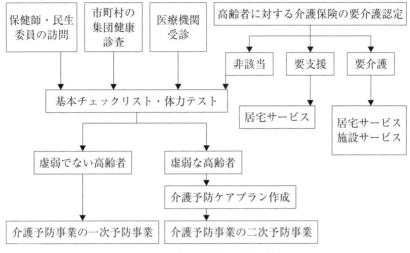

図 3-2　介護予防事業の利用手続き
(筆者作成)

都道府県 8 分の 1、市町村 8 分の 1、第 1 号保険料（65 歳以上保険料）6 分の 1、第 2 号保険料（40 歳以上 65 歳未満保険料）3 分の 1 となっている。その後、2012 年度には保険料（第 1 号被保険者：2/10、第 2 号被保険者：3/10）へと変更がなされた。

　支給限度は介護保険料の 3% 以内とし、各自治体の政令において定められる範囲内とされている。事業内容は、介護予防マネジメントと呼ばれるサービス計画に基づき、専門家の判断により運動機能向上、口腔機能改善、栄養状態改善の通所事業、訪問事業のうち利用者個別に選択された内容が提供される。運営は保健センター、市町村、地域包括支援センターとなっている。厚生労働省は高齢者全体の 5% に二次予防事業サービスの提供を行い、将来の要介護者の増加を抑えることを目標にしていた。

　その他、第 3 期介護保険計画において行われた改正点は、サービスの質の確保である。不適切な事業者がサービス提供を行わないように、指定取り消しされた事業所はその後 5 年間指定できないとした。2009 年度の第 4 期（2009 年度から 2011 年度）が開始する前には、事業規制を強化した改正介護保険法

34 第1部 理 論 編

と、人材確保のための介護従事者の処遇改善に関する法律が成立した。第4期は介護従事者の負担軽減や処遇改善に焦点が当てられ、要介護認定基準の変更による要介護認定業務の簡素化、介護報酬の3.0％増による収入増がはかられた。第5期および第6期の改革については後述する。

コラム5・ケアプラン、ケアマネジメント
　障害者や高齢者が地域社会で暮らすために必要なサービスの組み合わせをケアプランと呼び、このケアプランを作りサービスを調整することをケアマネジメントという。もともとはイギリスで社会福祉の用語としてケースマネジメントという言葉が使われた。アメリカでは、州が経営する精神科の病院に入院していた人々を社会復帰させるために取り組まれたのが始まりとされる。調整されるサービスは H： housing 住居、E： economics 経済、L： lobar 労働、P： person 人的サービス、Me：medicine 医療であり、頭文字を合わせると Help me となるので覚えやすい。

---

2. 制度転換に関連した先行研究と政策課題

（1） 予防重視への制度転換

　高齢者に対して、これまで介護や医療が必要になった人に、その都度サービスを提供するといった対症療法的な取組みがなされてきた。ところが進行する高齢化に対して、このような方法では、増加する社会保障費を抑えることは困難である。そこで、医療では壮年期のメタボリックシンドロームなどの健康診査の強化、介護では虚弱高齢者の介護予防といった将来の重篤な疾患の予防を重視する政策に転換してきた。

　辻（2006：pp.11-13）は、「介護予防とは要介護状態の発生を出来る限り防ぐ（遅らせる）こと、あるいは要介護状態にあってはその悪化を出来る限り防ぐこと」と定義している。辻は、この介護予防事業開始について4点の背景を述べている。①介護予防は介護保険創設当初からの理念であったが実効が伴わなかったこと、②軽度要介護者の急増と悪化、③国際比較による日本の寝たきり率の高さ、④介護予防に関するエビデンスが集積されたことによる老人保健

第3章　介護保険制度の仕組みと変遷　*35*

事業の見直し、これら4点である。4点目について2004年度、厚生労働省に「老人保健事業の見直しに関する検討会」が設置された。20年間にわたり行われてきた老人保健事業の目標は癌、脳卒中、心臓病予防を目指した生活習慣病予防であり、「健康な65歳をつくる」戦略であったが、現在では国民の9割が健康に65歳を迎える。そこで辻（2006：pp.11-13）および上記の検討会が、今後の老人保健の目標としてあげたのは「活動的な85歳」という戦略である。高齢者が急速に機能低下を起こす要因は脳血管疾患だが、徐々に機能低下を起こす要因の多くは、整形外科疾患を起因とする廃用症候群によるものである。大川（2005）は、この状態を、徐々に生活が不活発になり機能が低下する生活不活発病としている。介護予防事業では、この生活状態を改善することを目標としている。

　予防の取組みには、医療やこれまでの介護政策との間で、相違が2点あると筆者は考える。1点目は、人々が大事であると認識しづらいということである。顕著な疾患の様子を呈すれば通院するが、将来の疾患や介護を防止するということは実感を伴わない。検診を受けさせ生活習慣を改めさせることには、困難を伴う。そこで住民の予防への取組を向上させるために、保険者には工夫が必要になる。もう1点は、医療のように介護予防が専門化していないということである。ここにおいては、経費のかからない方法の検討が求められる。医療従事者でなくとも、住民やボランティアなどの多様な主体の連携を活用すれば運営できるとされているが、住民の意識やボランティアの有無など不確定な要素から、提供されるサービスに地域差が生じる可能性がある。また、予防の取組が活性化している地域とそうでない地域が生じる。

（2）　政策過程に関連した先行研究

　新たな社会保険財源を求めることとなった介護保険制度の開始、また介護保険制度における予防重視システムへの見直し、多様な主体の活用など、2000年度以降の高齢者の社会保障分野において、大きな制度転換が図られてきた。ここでは、このような制度転換における政策過程に関して述べる。

　保険医療分野における政策形成過程分析としては衛藤（1995、1998）によ

36 第1部 理 論 編

る精神医療改革、介護保険の導入、増山（1998）による介護保険制度の導入、増田（2003）による介護保険見直しに関わるものがあげられる。衛藤（1998）は自民党単独政権下の医療福祉の政策決定パターンと連立政権下における介護保険創設の政策決定を比較し、連立政権下の政策決定のありようを Kingdon（1984）の政策の窓モデルを用いて考察した。その結果、連立政権下では自民党の厚生族（1998年当時）議員の影響力が低下している中、高齢者の介護問題をマスメディアが取り上げ、消費税導入とゴールドプラン策定を背景に、厚生官僚（1998年当時）がタイミングを捉え介護保険の政策の窓を開くことに成功したとする。他方、増山（1998）は Sabatier（1988）の唱道連合モデルを参考として、利害関係者の調整に注目し、厚生省（1998年当時）の政策形成に関して社会保険審議会や医師会、市町村長会など意見の対立を含めて、政策的学習を通じて政策理念を共有していったとする。これらはいずれも国レベルの政策過程分析である。

コラム6・政策過程

　政策はさまざまな要因により決定され、その解釈にもいくつかのモデルがある。Kingdon（1984）の政策の窓モデルは、問題、政策、政治の流れに着目し社会の必要性とそれを重要視する人々の世論、後押しする専門家のタイミングが一致した時に政策の窓が開かれ、その方策が決定すると考える。Sabatier（1988）の唱道連合モデルは利害関係者（ステークホルダー）がお互いの意見から学習し理念を共有し、政策の方向付けがなされるとする。

　地方自治体、都道府県レベルのものとしては、伊藤（2002）による自治体政策の波及に関する研究があげられる。伊藤（2002：pp.1-4）は、地方分権一括法が目指す分権型社会において政策課題への対応を自治体が先導していくことは重要であるとし、自治体における政策過程を捉える理論モデルを提唱している。特定の政策や制度、事業を、なぜ地方自治体は採択し、なぜ採択しないのか、伊藤（2002）は、2つの過程をあげている。垂直波及と水平波及である。垂直波及とは国からの指示により、各自治体において制度や事業が採択されていく過程であり、水平波及とは近隣自治体において採択された制度や事業が当該自治体に採択されていく過程である。どちらの波及過程を辿るかは、社

会経済要因と政策課題の種類の組合せによる。

このような政策課題の種類を、真山（2001：pp.108-116）は認識型問題と探索型問題に分類している。認識型問題とはすでに誰もが認識している問題であり、現状を少しでも改善することが課題となる。探索型問題とは、専門家や利害関係者が、ある程度まで意識的に探し求めて、初めて見いだせるような問題である。そのため、専門家の知見から将来の問題を発見することにより、より良い状態や新しい価値を追求することが検討される。真山（2001：pp.108-116）は認識型問題を扱う政策として介護保険制度を、探索型問題の例として環境政策をあげる。ただし、高齢化を認識型問題であると考えれば、これまでのように対症療法的な政策の立案や執行しかできない。高齢化の将来を見据え、予防について対策を講じる際には、高齢化問題の中でも介護予防は探索型問題として扱わなければならないと筆者は考える。

（3）介護予防事業の課題

介護予防事業について柳（2008）は、「全国の多くの自治体が介護予防事業に苦慮しており、十分な成果は出ていない」と述べている。清野ほか（2008）は「特定高齢者施策の参加者の運動教室の効果について、運動習慣形成には有効であるが生活機能の変化が見られなかった」としている。介護予防事業の評価に関しては、現在の介護予防事業の試験事業として行われた「介護予防地域支え合い事業」について2003年度予算編成にあたって概算要求時、財務省は政策評価調書を各省庁に求めた。この際、厚生労働省から提出された「介護予防地域支え合い事業」の評価では、高齢者の健康状態の維持に有効である、介護保険のコスト削減になるとしている。政府の評価に対して新藤（2010）は自己評価とはいえ定量的分析がなされず、客観性、中立性が担保されていないとしている。また岡本（2006）は予防事業の有効性について、老人保健事業および2006年の介護保険改定について充分な検討がなされていないとする。

介護予防継続的評価分析等検討会資料（2008）では介護予防事業導入後の2007年、要介護区分状態が悪化したものが、要支援1相当で大きく減少した

38 第1部 理 論 編

ことを述べている。しかし要介護状態区分が同年変更されたことが大きな原因とされている。同資料（2009）では介護予防事業の効果が統計的に有意ではないことが述べられている。

　課題を整理すると、まず①介護予防事業の利用者が増えないことである。介護予防事業の参加者に関連して、厚生労働省（2008）によれば2006年10月の特定高齢者は高齢者全体の0.59％であったと報告されている。このため、厚生労働省は特定高齢者の選定基準を緩和した。また、厚生労働省老健局老人保健課は、全国76市町を対象に介護予防継続的評価分析支援事業を実施している。2008年の事業結果では、「介護予防事業サービスを受けた特定高齢者1,000人中機能維持改善が951人、機能悪化が49人であったが、統計的に有意差は認められなかった」としている。2010年6月における厚生労働省の報告によれば2007年度の当時特定高齢者（現二次予防事業対象者）は高齢者全体の3.3％であったが施策参加者は0.4％、2008年度の特定高齢者（現二次予防事業対象者）は高齢者全体の3.7％であったが施策参加者は0.5％であった。

　利用者が増えない原因として、事業に魅力がない、利用料金が高い、事業が周知されていない、効果が感じられない、利用を差し控えるような阻害因子があるといった理由が考えられる。また、介護保険は、医療のように必要と感じた人が誰でも自由に利用できるサービス（フリーアクセス）ではなく、対象者を選別するためのスクリーニングを設けており、その基準が適切かどうかについては財団法人日本公衆衛生協会（2009）により検討されている。

　さらに、②事業の前提条件としての自治体に、人口規模や市町村合併の影響の大小などの差がある。介護保険法が制定され、市町村は保険者の役割を担うようになった。さらに介護予防事業開始当時に市町村合併が行われた各自治体においては、保険者という新しい業務に加え、これまでとは人口規模の異なる住民を対象とした保健事業を行うことになった。また2008年老人保健法の廃止に伴い、介護保険以前に行われてきた機能訓練事業等の保健事業は、健康増進法のもと市町村の任意事業となった。公的支援が基本であった機能訓練事業に対して、介護保険制度は民間活力の導入による事業の多様化と活性化を狙っている。政府は民間の活用を促しているが、自治体によっては活用できる社会

資源がないといったところもあるのではないか。いかなる主体と連携し介護予防事業を成功させるかは、自治体の裁量によって対応しているものと考える。このような背景から、各自治体における介護予防事業においての実施主体間の連携や運営方法の検討はますます重要になってきている。

また、③要介護認定者を増やさないという目標に対する成果が検討されているのかという問題がある。介護予防事業による運動は健康維持活動であるが、最終的な目標は、活動的な生活を続け健康状態を維持するというものである。そのような内容の事業が提供されているのか検討が必要である。

図3-3に介護予防事業の政策目標と現状の差を示す。政策目標では高齢者のうち適切に虚弱高齢者を選定し、これを介護予防事業の対象者と認定し、サービスを利用してもらう。そのサービスは全高齢者の5％程度に提供し健康状態を維持してもらうとしている。ところが現状は、スクリーニングの段階において高齢者のうち介護予防事業が必要な虚弱高齢者を的確に選定できず、サービス利用の段階ではそのサービスを受給していない状況であることが確認されている。この結果をふまえて2015年の改定では、スクリーニングの費用が掛かりすぎることを根拠として一般高齢者と虚弱高齢者を分けずにサービス提供を行うこととした。ところがこの方法では必要なサービスを要介護リスクの高い虚弱な高齢者に提供することにはならないため、要介護認定者を増加させないとした初期の介護予防事業の目標とは乖離する可能性がある。

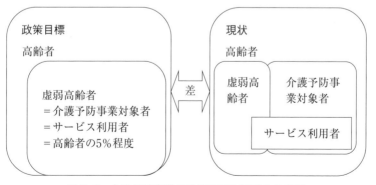

図3-3　介護予防事業の政策目標と現状との差異
（筆者作成）

40 第1部 理 論 編

> コラム7・保健活動の2つの方法
>
> 　Rose（1992：pp.12-16）によれば、健康増進分野では疾患の高リスク集団を「特定集団」、特定集団を対象とする方法をハイリスク・ストラテジー、リスクにかかわらず集団の構成員すべてを対象とする方法をポピュレーション・ストラテジーと呼ぶ。保健活動はハイリスク・ストラテジーとポピュレーション・ストラテジーを組み合わせることにより予防の効果を上げる。介護予防事業の特定高齢者（現二次予防事業対象者）施策はハイリスク・ストラテジーにあたる。特定集団を対象とした対策の長所は、効率的であること、治療概念に当てはめやすいことがあげられ、短所としてスクリーニングに費用が必要とされること、スクリーニングが適切でない場合は効果が上がらないことがあげられる。一般集団を対象とした対策の長所は取りこぼしがなくなること、集団全体が良好な方向へ向かうための検討ができることがある。短所として、必要のない人も行動変容を迫られること、費用がかかることがあげられる。

（4） 介護予防事業における費用

　介護予防事業が全国的に展開される以前の2006年、吉田（2007）は新潟県において介護予防事業の参加群と非参加群の医療介護費用を分析した。その結果、参加群では平均医療費が減少、非参加群では平均医療費が増加したとしている。この報告は介護予防事業導入の根拠とされている。費用対効果について厚生労働省介護予防継続的評価分析等検討会（2008）は、要介護度が悪化したものの発生率による定量的介護予防効果からみた制度前後の増分効果と介護保険のレセプトデータ等を用いて算出された増分費用の関係を用いて分析している。その結果、予防給付（要支援1）については1,000人を追跡調査したところ要介護度が悪化するものが155人減少することから、予防給付の効果は導入されない場合と比較して1億200万円の費用が減少するとした。一方で二次予防事業対象者（当時特定高齢者）施策については、施策導入以前に実施されていた老人保健事業において、特定高齢者施策に対する特定的な財源あるいは費用が存在せず比較が困難であると結論づけている。

　濱野ほか（2006）は新潟県における調査によりプログラムの終了後に機能低下が指摘されていると述べている。同じく新潟県において吉田（2007）は介

護予防事業への参加が医療費と介護費の推移に与える影響を調べ、介護予防事業参加群の医療費は減少、非参加群は増加したとしている。これに対して岸田（2010：p.142）は参加群の健康意識が高く健康に良い生活習慣を送っているとすれば、介護予防事業の介護費削減効果は過大評価されているとしている。財団法人日本公衆衛生協会（2009）は介護保険を運営する 1,643 の自治体を対象に、介護予防事業の利用者数・事業費と要介護認定率・介護給付費の推移との関連を検討した。その結果、特定高齢者施策の利用者の多い自治体ほど要介護認定者数の増加率は有意に低く、介護予防事業費の多い自治体ほど介護給付費の増加率は有意に低いことが分かり、介護予防事業の効果と費用対効果が示唆されたとしている。また、全国で運動器の機能向上プログラムを実施している特定高齢者 1,157 名を対象に、同プログラムの内容と生活機能の推移との関連を分析した結果、月に 8 回以上実施している群、マシンによる筋力増強訓練・持久性訓練を実施している群では生活機能の改善が著しいとしている。

3. ま　と　め

　本章においては、介護保険制度の仕組みと制度変更についてまとめた。介護保険制度は走りながら整える制度と呼ばれ、3 年ごとに大きな改革を行ってきた。そのため制度の内容が複雑になり、制度変更の効果について十分に検討されているとは言い難い。予防重視の取り組みにおける地域差や、政策形成、事業の効果などの課題がある。

コラム 8・PDCA サイクル、費用対効果
　P は plan：計画、D は do：実施、C は check：評価、A は action：評価をふまえた行動であり、事業を滞りなく遂行するための一連の流れである。費用対効果は、かかった費用に見合った効果があげられているかを検討することにより、事業を継続したり見直したりするための指標である。いずれも、事業内容の向上に役立てられる。

---

42 第1部 理 論 編

注

1) 保健センターとは市町村が設置主体となり保健師を配置した機関である。

2) 地域包括支援センターとは、2006年度の介護保険法改定により中学校区に1つ設置された機関であり、介護支援専門員、社会福祉士、保健師と3専門職が在中する。市町村が設置する公的機関であるが介護事業所に委託してもよい。ここでは、虚弱高齢者のケアプランを立てたり地域の高齢者の介護や生活問題の相談に応じたり、権利擁護を行う。

第4章

連携主体の変化とその役割

　介護保険サービスのみならず社会保障におけるサービスは、現在大きな転換期にあり、公的主体から多様な主体の活用による提供へと変化している。本章においては、第1章から第3章に述べた社会的背景に伴い、変化したサービス主体とその役割についてまとめる。

　また、このような連携主体を活用した地域包括ケアシステムの内容について述べる。

1. 連携主体が変化した背景

　介護保険制度の開始以降は、市町村合併により自治体内部の構成も変化している。事業を実施する自治体の特徴として、総人口や高齢化率のほか市町村合併による影響があげられる。制度転換によって連携主体が変化した背景は、市町村と住民のつながりの弱体化、サービス主体の多様化、介護サービスの地域差、主体間連携の要請の4点である。以下に詳細を述べる。

（1）市町村合併の影響 ―市町村と住民のつながりの弱体化―

　福祉改革と同時期の2000年代において市町村合併が進み、住民に身近な自治体が変化した。山崎（2009：p.220）は合併により、旧市町の支所は意識されるものの旧基礎単位の小学校区と行政の関係は不透明になり、これまで定着してきた行政と住民自治の関係が弱体化するとしている。筆者は、特に大規模な合併により市町村が変化した場合、これまで顔の見える関係であった行政と

住民の関係は大きく変化したものと考える。市町村合併のメリットは、自治体規模が大きくなることにより、専門的サービスが充実することがあげられる。その一方で市町村の中心部と周辺部の間で格差が開き、同一市町村にあってもサービスが受けられない、役所が遠くなる等の課題も生じる。

　これらの問題を解消するものとして、2004年度の地方自治法により地域自治区が設けられている。地方自治法202条では、地域自治区について「市町村は、市町村長の権限に属する事務を分掌させ、及び地域の住民の意見を反映させつつこれを処理させるため、条例で、その区域を分けて定める区域ごとに地域自治区を設けることができる」としている。地域自治区は、当該市町村のすべての区域を分けて設置することになっており、区画はその市町村の歴史的・地理的条件によって決められる。市町村長から分掌された事務を執行するために事務所、事務所長、事務職員が配置される。またその他の地縁団体として明治期の町村合併の際に、行政の補完組織として行政区に設けられた町内会あるいは自治会がある。

　さらに行政計画における市民参加は、1990年代に公募型の市民代表によるワーキングチームという形式により活性化された。公募市民によるワーキングチームは、早川（2008：pp.37-67）によれば、1994年に日野市において策定された「市民参加推進に関する要綱」に基づくとされる。早川は、東京都日野市における環境基本計画策定のワークショップに自治体職員として参加し、計画の実現のために重要な点として、決定、執行、評価の段階まで一貫して市民が関わること、行政側の役割として正確な情報を提供し市民間の調整を図ることをあげている。以上から、自治組織や公募などの市民参加を活用することにより、市町村合併により生じた自治体と市民のつながりの弱化を、克服できる可能性があるといえる。

コラム9・市町村合併

　合併の目的は、高齢化への対応、多様化する住民ニーズへの対応、生活圏の広域化への対応、効率性の向上、地方分権の推進、行財政改革である。合併によるメリットとしては、住民の利便性の向上、サービスの高度化・多様化、行財政の効率化があげられる。

（2） サービス主体の多様化

　次に、提供主体が多様化することにより生じる課題をあげる。機能訓練事業など老人保健制度の中では、提供主体は自治体が主であったが、介護保険制度では多様な主体の活用が謳われている。多様化の側面として競争原理が働くことにより、質の悪いサービスは淘汰され、良質なサービスが増大するはずである。ところが介護や医療といったサービスは現物給付であるため、利用者は購入前に商品を吟味することができない。商品であるサービスについて、利用者に適切な情報提供がなされなければ、何らかの事故や事件が起こってから政府の対処が施されることになる。介護保険サービスでは規制緩和が行われ、在宅サービスについて民間企業やNPO法人に門戸が開かれた。民間企業による積極的事業参入により「介護バブル」と呼ばれるほどサービス事業者が急激に増加した。それに伴い、2007年のコムスン事件など不正な事例や認定の取り消し件数も増加した。このような事例があるため、多様な主体の参入に対する政府の規制が重要になっている。

　小関・戸梶（2004）は広島県H市において、市町村担当者、社会福祉協議会、自治会、老人クラブ、在宅介護支援センター、民生委員に対してインタビュー調査を行い、高齢者のサポートを行っている人達に統一の動きや情報共有と連携が図られていないことを述べている。健康維持は身近なセルフケアであるため、専門職集団のみならず身近な近隣の住民も大きな支援主体となりうる。また、渡邉（2010：pp.45-118）はNPO、自治体など住民参加に焦点を当て地域保健福祉への協働についてまとめている。

　東川（2006）はホームページで公開している93の市、特別区の地域福祉計画と、老人保健福祉計画、介護保険事業計画、児童育成計画、障害者計画、母子保健計画、健康日本21地方計画、社協地域福祉活動計画の関係を分析している。その代表的形態は、地域福祉計画が老人保健福祉計画、介護保険事業計画、児童育成計画、障害者計画を補完し、社協地域福祉活動計画と連携するという関係である。限られた地域の社会資源を有効に機能させるため、今後、上位の計画は総合計画として策定すべきとしている。他の計画主体は市町村であり、医療計画のみ都道府県が主体であることが、医療と保健福祉の連携を困難

46 第1部 理 論 編

にしている理由としている。以上から、連携の重要性は意識されているが計画
段階から連携がとれていないことが指摘できる。

　田中・大本（1996）は、介護保険が開始される以前の1996年において、全
国10カ所のケアマネジメント実践を行う医療や行政、福祉機関の分析を行っ
た結果、行政・福祉機関と比較して、医療機関が行う組織のケアマネジメント
は自己完結的、新たなサービス創出に熱心、対象者の生活に影響を与えやすい
という特徴があることを導いた。

　次に、福祉供給に参入する主体の規制や多様な主体間の調整について、地方
分権の観点から、国か地方自治体のいずれが行うべきかという課題があげられ
る。介護保険制度の創設は、平成の市町村合併と同時期である。市川（2001）
は、「供給主体の多元化は市町村の役割を減少させるかに思われるが地域にお
ける多様な供給主体間の調整を把握できるのは市町村であり、地域のサービス
ネットワークのコーディネーターとしての役割が期待される」としている。瀧
井（2001）は、国と地方自治体の役割として、システムを維持するために国
が事業の全体デザインを示すとともに、保険者である市町村がシステムを支え
民間セクターの健全な発展を促すよう指導監督する重要な役割があるとする。
以上から、公的サービスにおいては多様な主体による連携が欠かせないが、連
携の舵取りとしての役割が、市町村に期待されているといえる。

（3）　介護サービスの地域差 ── 供給の不均衡 ──

　地域によって、介護保険サービスの供給には差異がみられる。宣（2006：
p.418）は、民間企業の介護サービス事業所数について回帰分析を用い、介護
サービスの供給不足が町村部、過疎地において顕著であることを導いた。西村
（2013）は、高知県の地域保健部が行った厚生労働省に対する介護サービス助
成制度の提案をあげ、中山間地域、過疎地域、離島の現在の事例が、将来高齢
化が急速に進む都市部の社会保障の在り方を考えるときの参考になるとしてい
る。

　企業や法人の参入が少ない地域について、久村（2004）は過疎地域自立促
進法の指定基準に基づく自治体を条件不利地域とし、介護保険の居宅サービ

ス、施設サービスが都市部に比べ少ないという特徴を述べている。こうした地域では社会福祉協議会が一定の役割を担っており、行政からの新規事業者参入のための情報提供が必要としている。鈴木（2004）は愛媛県での調査から、島嶼部では介護保険の事業者が少ないため、健康維持や介護に不安を抱える人がいると指摘している。一方で二村（2008）のように介護サービスの利用率は現在、地域差があるもののその差は時間をかけ収束していくとする研究もある。

　財団法人日本公衆衛生協会（2009：pp.166-175）は2007年現在の1,785自治体から、介護予防事業の参加率について自治体規模の大きさ、高齢者人口に対する地域包括支援センターの数、自主グループ数、基本チェックリスト実施率との関連を見ている。それによれば①市町村人口が多い（自治体規模が大きい）と参加率は低い、②高齢者1万人当たりに対する地域包括支援センターが多いと参加率は高い、③高齢者1万人当たりに対する介護予防活動にかかわる自主グループ数が多いと参加率は高い、④基本チェックリスト実施率が高いと参加率は高いとなっている。日本公衆衛生協会（2009：pp.77-79）は参加率向上のための主な工夫は、行政機関内の連携による体制強化、医療機関・関連事業所との連携、一般高齢者施策・既存事業との連携、老人クラブなど高齢者グループへのアプローチ、地区組織・知人・家族の活用としており、委託の課題として地域に委託先となる事業者が少ない、委託先業者に専門職が不足していることと述べている。また東野（2011）は介護保険事業の実施について人口規模が小さく、高齢化率が高く、財政力が低い自治体は介護保険事業が低調であるとしている。このような自治体間の提供されるサービスの差は介護予防事業に固有の条件であり、国の指示通りの取り組みを行っても差が縮まらないものと考えられる。

（4）　主体間連携の要請

　医療保健福祉の連携の段階について、前田（1990：pp.13-15）は①連絡：個別の組織が随時情報の交換を行う状態、②連携：異なる分野が一つの目的に向かって一緒に仕事をすること、連絡から統合へ橋渡しをする一つの移行期、

48 第1部 理 論 編

③統合：一つの組織で恒常的なつながりを持つ状態とした。介護保険改定において介護予防事業と同時期に提案された地域包括ケアシステム（Integrated Care）について筒井（2012b）はLeutz（1999）をふまえ、連携を①Linkage（つながり、連携）：システムの中で個人が緩やかにヘルスケアのニーズに対処する、②Coordination（調整、協調）：急性期やその他のケアに調整されたケアを提供するためには明確な構造を必要とする、③Full Integration（完全な統合）：多様なシステムからのさまざまな要素が集まり、新たなプログラムや体系を作り出しそこからのサービス提供がなされているシステムの3段階に分類した。地域包括ケアシステムはいまだ多くの自治体で完成しておらず、構築の段階である。筒井（2012b）による地域包括システムの連携尺度の開発では、医療介護のケアが必要な人に対してのサービス主体の連携に関して一定の方向性が示されている。しかし介護予防の必要な地域の高齢者の健康維持に関して、このシステムが機能するような構造には意図されていない。以下に介護予防事業の事例を検討するが、本研究ではいずれの主体間のつながりも筒井（2012b）の述べる統合のレベルには達していないと考えるため、統合ではなく連携という用語を使用する。

　二木（2002：pp.42-44）は病院、施設、介護保険事業所を統合して運営する事業体を医療福祉複合体と呼び、複合体化が進めば地域の事業所間の連携は阻害され、都市部でこのような医療機関による複合体が複数存在すれば競争が始まり地域包括ケアシステムの構築は難しくなると指摘する。一方、田中（2013）は都市圏以外ではそのような複合体の存在こそが地域包括ケアシステムであるとしている。Leutz（1999）の定義するFull Integrationに近いモデルである広島県尾道市御調町は人口約8,000人であり小規模な地域である。このように自治体の規模に合わせた連携のあり方が検討されなければならないといえる。他方で、こうしたFull Integrationに至らないような、介護サービスのインフラが不足する小規模な自治体もあるのではないだろうか。自治体の規模と条件に合わせた連携のあり方を検討する必要があり、このような視点にもとづいた実態の把握が必要である。

　また連携する主体は、専門職だけではなく多様であり、おのずと行動目的も

異なるため、それらの調整は困難を極める。地域包括ケアシステムでも、介護予防事業でも、連携は重要であるとされていながら、その内容は今なお十分に議論されておらず、解明することが必要である。

2. 公的サービスにおける多様な主体の活用

　予防重視と並ぶ、制度転換のもう一つの大きな要は、多様な主体の活用である。そもそも、国民の福祉に関わる社会保障サービスの提供に、民間主体の参加を促すという発想は、介護保険制度に始まったものではない。和田（2007：pp.41-44）によれば、社会保障分野において民間活力を導入するという着想は、健康保険法等の1984年改正後の1985年に厚生省（1985年当時）保険局企画課が、訪問看護事業の実践者などの参画を得て設置した「医療及び関係分野における民間活力の導入に関する研究会」での議論と、その報告『民間活力を活用した総合医療・保健・福祉サービスの研究』が先駆となる。さらに、1989年に、厚生省（1989年当時）社会局生活課が設置した「生協による福祉サービスのあり方に関する研究会」や、1993年農業協同組合法改正によって社会福祉事業が行えるよう明記された農業協同組合（以下農協）は、介護保険制度について先駆的なモデル事業を紹介し、関係者への研修を実施している。

　瀧井（2001）は、高齢者福祉事業の主体は、当初から公的資金を得た民間団体（社会福祉法人と社会福祉協議会）であり、現在の介護サービスの主体のセクター分類はNPO、協同組合、民間企業、公的民間団体（社会福祉法人と社会福祉協議会）とさらに多様な主体が関わるとしている。和田（2007：pp.55-56）は介護保険制度化を議論した際の関係団体（ステークホルダー）がどのような関心、改革への意欲や期待を持っていたのかを表4-1に示すように整理している。多くの利害関係者に、それぞれの思惑があり調整は困難を極めるが、和田（2007：pp.74-79）は、①利害関係グループに対する積極的な合意形成、②介護保険賛成世論や支持グループへの働きかけ、③資料・情報の公開、④与党福祉プロジェクトの働き、⑤世論啓発、世論調査、⑥実施までの十分な準備期間、これらにより議論の流れがつくられるとしている。

50 第1部 理 論 編

表 4-1 各関係団体における介護保険制度化への関心と期待

各関係団体	介護保険制度化への関心と期待
①国民	介護不安、老後不安の解消のため、質の良い介護サービス基盤の充実、利用しやすい制度の実現
②高齢者・老人クラブ連合	質が良く利用しやすい介護サービスの基盤を期待するが、利用時の負担増に懸念
③高齢社会を良くする女性の会	介護を社会化し老老介護、家族への拘束から開放
④中高年世代	老後の介護不安、生活不安の解消
⑤若年世代	介護にかかる若年世代の将来負担の軽減（適切で効率的なサービス利用、高齢者も適切な負担）
⑥厚生省	行き詰まった老人保健制度改革の先駆的モデルとする（老人保健拠出金問題の解決、定率一部負担の導入、保険者機能の発揮、サービス利用の必要性の第三者判断の関与）
⑦健康保険組合・日本経営者団体連盟	老人保健拠出金増大に対する歯止め、社会的入院の解消への期待、高齢者医療への定率一部自己負担への先鞭
⑧厚生省・大蔵省・日本医師会	在宅医療の拡大を図り、社会的入院の解消のため介護サービス基盤整備を進める。ほか、第三者組織による入院の必要性の判断に関与するシステムの導入検討
⑨全国社会福祉協議会・看護師・社会福祉士・介護福祉士・作業療法士・理学療法士	ケアの質向上、ケアの専門家の役割の拡大、利用者の権利擁護（ケアマネジメント方式の採用、チームケア、ケアプラン）
⑩厚生省・大蔵省・経済界	年金給付と医療・介護給付の間に給付調整の仕組み・考え方を持ち込む（保険料の年金天引きを糸口に）
⑪厚生省・全国社会福祉協議会・老人福祉施設協議会	介護需要の拡大、福祉の国庫負担財源に対する強い予算シーリングの制約に対応し、新たな財源の導入、義務費化を図る
⑫厚生省	生活保護費（特に医療扶助）の増大傾向に対応するとともに、社会保険と公的扶助の適用関係の整理を図る（皆保険の考え方の徹底、保険優先適用）
⑬自治省・市町村・地方分権推進委員会	地方分権、市町村重視の観点から市町村の主体性、自立性を高める（介護費用負担が重く財政力が乏しい市町村の財源確保、整備の立ち遅れた大都市・周辺部にとっては運営費財源確保、事業参入への刺激となる）

⑭厚生省・大蔵省・市町村	都道府県に広域的な立場からの技術的援助、財政負担を求める（国民健康保険財政安定、都道府県の関与という多年の課題解決につながる）
⑮生命保険・損害保険・共同組合（生活協同組合・農業協同組合）・営利法人・NPO	成長分野へ参入したい、就労機会を拡大したい
⑯厚生省・IT 関連業界	社会保障の IT 化、情報化を進める（医療分野における立ち遅れを繰り返さない）

注：省名は 1995 年当時のものである
出所：和田（2007：pp.55-56）をもとに筆者作成

　このような制度転換により、行政サービスは多様な主体の活用へと変化してきている。山本清（2009：p.28）は、「行政サービスの多様化とは、これまで政府機関が自ら供給してきた財、サービスの供給につき、政府の役割を変更したり制限したりすることにより民間事業者の関与を増やす形態への変化」としている。

　ここでは、いかなる主体とどの時期に連携を図るのか、また公的機関の役割は何かという問題がある。利害関係者は異なる価値をもとに行動しているために調整は困難を極める。秋吉（2009：pp.103-130）は民営化が困難であった学校給食に関わるステークホルダーについて考察しており、強力な利害関係者団体の調整に失敗した自治体では民間委託は導入できなかったとしている。このように主体が多様化することについて、利害関係者間の調整が必要となることを多くの研究者が指摘している。

　多様な主体について、新藤（2010：pp.168-169）は、公共的問題のアクターとして認識されるべきは政府と市場に加えて市民であり、政策実施の手続きの公開と市民の参画による決定や修正のシステムを整えることが、政策の開発とイノベーションを促すとしている。澤井（2004：p.54）は「市民社会組織と基礎自治体が共同するにあたり、画一的行政執行を求めたがる中央政府の干渉を防ぎ、必要最小限の技術的財政的サポートを提供できる中間自治体と、基礎自治体と市民をつなぐ近隣自治組織の存在が、重要である」としている。

52 第1部 理 論 編

　市民活動の組織を山岡（2008：pp.204-205）は市民社会組織とし、住民型
組織と市民型組織に分類している。住民の全員参加を基本とする町内会は住民
型組織であり、自主的な参加による市民活動団体を市民型組織と呼ぶ。住民型
組織の特徴は互助・共益型の地域限定・全員参加・一般目的であり、市民型組
織の特徴は自立・他益型の地域拡散・有志参加・特殊目的である。住民型組
織として町内会、自治会、青年団、婦人会、老人クラブ、市民型組織として
NPO法人、法人格を持たない市民団体、公益法人、生活協同組合をあげてい
る。神野・澤井（2008：pp.260-261）は、市民と各種の社会的アクターと政
府の共同統治機構をソーシャルガバナンスと呼び、集権的統治構造ではなく、
自立的な市民セクターの発展によるボトムアップ型の分権市民社会において、
成立するシステムであるとしている。以上から、多様な主体のうち市民および
市民組織の役割にも期待が寄せられていることがわかる。

　行政によるサービスは申請主義であり、虚弱な高齢者のうちセルフケア不
足の人はそのサービスを受けることが単独では困難である。行政もまたこうし
た人々を発見する手段をアウトリーチにより行うが、行政以外の主体による連
携が欠かせない。虚弱なセルフケア不足の人が放置された例として、近年増加
している孤独死がある。1970年代より孤独死という言葉は存在したが、広く
一般に知られるようになったのは、1995年の阪神淡路大震災後である。災害
により注目された孤独死であるが、三世代同居の減少、単身世帯の増加、地域
とのつながりが希薄化した都市部や高齢者世帯が増加する住宅団地や農村部で
は、災害にかかわらず孤独死は発生している。福川・川口（2011）は全国の
自治体を対象として、孤独死を防ぐサポートに関して調査を行っている。この
調査では巡回訪問の担い手は自治会やボランティアなどの民間組織が最も多く
88.0％、次いで福祉事務所や保健所などの行政機関が76.4％であった。

　舛田ほか（2011）は孤独死予防の見守り活動を行う住民組織に対して、イ
ンタビュー調査により課題を整理し、行政および組織間の連携の必要性を述べ
ている。セルフケア不足の人の発見を行う専門的人材には保健師や民生委員、
自治体の福祉課の職員や保健師がいる。また、長野県では古くから保健補導員
組織という行政から委託されたボランティアがいる。今村（2011）は全国調

査を行い、回答のあった912自治体のうち544自治体において、これに似た保健推進員あるいは健康づくり推進員がいるとする。その他に、自治体の健康支援には、ボランティアやNPO、社会福祉協議会や、社会福祉法人、医療法人、学校、農協や漁協が関わっている。これらの人的資源や団体は行政の補完的な連携を担っているものと考えられる。

3. 介護保険制度におけるサービス提供主体の拡大と多様化

(1) 地域包括ケアシステムの推進

　第5期介護保険事業計画（2012年度から2014年度）では、2005年度に明記された地域包括ケアシステムの推進のため、24時間定期巡回・随時対応の訪問看護・介護サービスの創設、高齢者の住まいや介護基盤整備、認知症対策、痰の吸引などの医療行為に対する規制緩和が行われた。地域包括ケアシステムとは、広島県尾道市御調町などの地域ケアの先進事例をもとに作られたシステムであり、高齢者のニーズに応じて、介護サービス、予防サービス、医療

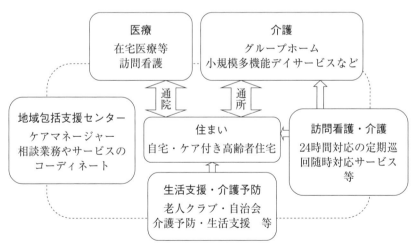

図4-1　地域包括ケアシステムの概要
注：地域包括ケアシステムは人口1万人程度の中学校区を単位として設定
出所：厚生労働省ホームページ（2013）を参考に筆者作成

サービス、見守り等 の生活支援サービス、住まいを適切に一体的に提供していくというモデルである。介護の場所については、在宅か施設という従来の選択肢に、住まいと一体化したサービスを追加し、施設のような安心感のある在宅生活を提供する試みである（図4-1）。

　地域包括ケアシステムには、介護サービスとしてグループホームや小規模多機能デイサービス、予防サービスとして生活支援・介護予防、医療サービスとして在宅医療や24時間対応の訪問看護、見守り等の生活支援サービスとして24時間対応の訪問介護、住まいとして自宅とケア付き高齢者住宅があり、これらをコーディネートする機関として地域包括支援センターがある。

　このような健康状態を維持するための、医療福祉の連携である地域包括ケアシステムを、筒井（2012b）は Integrated Care（統合ケア）と Community based care（地域を基盤としたケア）ととらえている。Integrated は不分割、完全という意味であり、WHO（2003）によれば Integrated Care とは、「診断・治療・ケア・リハビリテーション・健康促進などに関するサービスの投入・提供・管理・組織化をまとめて一括にするコンセプト」と定義されている。同じく WHO（2003）によれば Community based care とは「地域の健康上のニーズに応えるという点から地域の特徴、その地域独自の価値観などに合わせてケアシステムを構築すること」と定義されている。介護予防事業は地域包括ケアシステムの形成に貢献し、24時間医療や介護を受ける前段階の高齢者を対象としたものと位置付けられている。国から各自治体へ、このような地域包括ケアシステムの構築が促され、多くの成功事例が提示されている（厚生労働省 2005）が、その持続性や課題は、これまで十分に検討されていない。また、介護予防事業は地域包括ケアシステムの一部であるが、ケアの必要な要介護者のサービスと比較して、そのサービスを提供するための連携の方法についての議論はなされていない。

　他方で、2013年度に「社会保障制度改革推進法第4条の規定に基づく法制上の措置の骨子について」（プログラム法案骨子）が閣議決定され、自助努力の必要性が指摘された。この中では介護保険制度改革案の冒頭に「個人の選択を尊重しつつ、介護予防など自助努力を行うインセンティブを持てる仕組みの

検討など、個人の主体的な取り組みを奨励する」とある。このように少子高齢化に伴い行われた社会保障制度改革の要として自助努力があげられている。介護保険給付費もまた増加の一途を辿り、全国で2000年度に3.2兆円であったが2013年度には9.4兆円となった。

　2013年度に社会保障制度改革国民会議は、自らの健康は自ら維持するという「自助」を基本としながら高齢や疾患介護をはじめとする生活上のリスクに対しては社会連帯の精神に基づき、共同してリスクに備える「共助」が自助を支え、自助や共助では対応できない困窮などの状況については受給要件を認めたうえで必要な「公助」を行うべきとしている。つまり、抑制策である。

（2）新しい総合事業

　介護保険費用の増加に対する抑制の主事業として行われてきた介護予防事業であるが、二次予防事業の対象者の容態が数年で変わりやすい、それに対する長期的な対策が困難である、対象者の把握に時間とコストがかかる等の課題に直面し、厚生労働省老健局により2014年度に『介護予防・日常生活支援総合事業ガイドライン』が発表された。2015年度からの第6期では、介護保険制度に関わる新たな見直しとして軽度要介護者（要支援）の予防サービスを介護予防事業に組み込むことが検討された。実質的には、手厚かった軽度要介護者（要支援）に対する専門家によるサービスを、ボランティアなどの介護サービスに切り下げるものである。これは現行の介護予防事業に、要支援者に対する介護保険給付である訪問型サービスと通所型サービスを加え、市町村事業とするものである。新しい総合事業は2015年度から導入され、2年の猶予が設けられた。また、新しい総合事業の実施に当たっては「ボランティア活動との有機的な連携を図る」「地域の人材を活用していくことが重要」と述べられ、このような制度上の変更により、介護予防事業の連携にも変化がみられるものと考える。

　さらに2015年度の改定では軽度要介護者の予防サービスを地域支援事業と一体化して行うこと、および一次予防と二次予防の対象者を分けずにサービス提供を行うこと（全国介護保険担当課長会議2014：p.30）により、各自治体

56 第1部 理 論 編

においては2017年度までに総合事業へ移行するように通達された（全国介護
保険担当課長会議 2014：p.33)。これまでの事業評価さえ十分ではない中、急
速な変更がなされることとなった。

　図4-2に示すように新しい総合事業は介護予防・生活支援サービス事業の、
訪問型サービス、通所型サービス、その他の生活支援サービス、介護予防ケ
アマネジメントにより構成され、これまでの介護予防事業の対象者であった虚
弱高齢者（二次予防事業対象者）に加え、軽度要介護者（介護保険の要支援認
定者）も介護予防事業の対象とする。このうち特徴的なものは、訪問型サービ
ス、通所型サービスにおける多様なサービスという規制緩和された事業であ

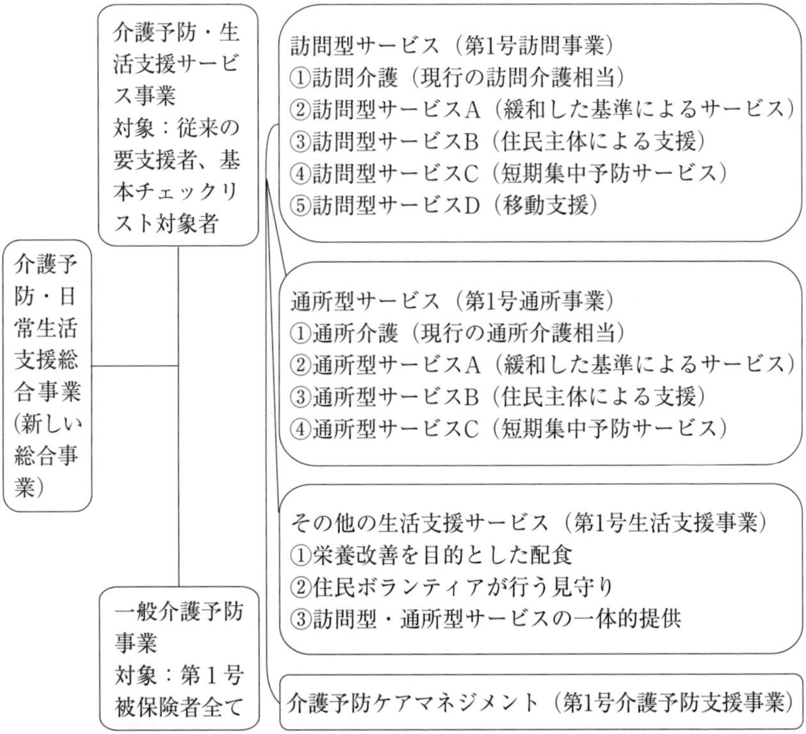

介護予防・日常生活支援総合事業（新しい総合事業）

介護予防・生活支援サービス事業
対象：従来の要支援者、基本チェックリスト対象者

訪問型サービス（第1号訪問事業）
①訪問介護（現行の訪問介護相当）
②訪問型サービスA（緩和した基準によるサービス）
③訪問型サービスB（住民主体による支援）
④訪問型サービスC（短期集中予防サービス）
⑤訪問型サービスD（移動支援）

通所型サービス（第1号通所事業）
①通所介護（現行の通所介護相当）
②通所型サービスA（緩和した基準によるサービス）
③通所型サービスB（住民主体による支援）
④通所型サービスC（短期集中予防サービス）

その他の生活支援サービス（第1号生活支援事業）
①栄養改善を目的とした配食
②住民ボランティアが行う見守り
③訪問型・通所型サービスの一体的提供

一般介護予防事業
対象：第1号被保険者全て

介護予防ケアマネジメント（第1号介護予防支援事業）

図4-2　新しい介護予防・日常生活支援総合事業の構成
出所：全国介護保険担当課長会議（2014）「介護予防・日常生活支援総合事業ガイ
　　　ドライン案（概要)」をもとに筆者作成

る。訪問型サービスはＡ・Ｂ・Ｃ・Ｄ、通所型サービスはＡ・Ｂ・Ｃに分けられ、Ａは緩和した基準によるサービス（サービスの提供は専門職とボランティアによる）、Ｂは住民主体によるサービス（サービスの提供はボランティア）、Ｃはサービス期限のあるもの（サービスの提供は専門職）であり、Ｄは移動支援である。またその他の生活支援サービスでは、配食サービス、ボランティアによる見守り、訪問通所一体型サービスにより構成される。また一般介護予防事業は、これまでの高齢者すべてを対象とした一次予防事業と特に相違はない。

現行の介護保険サービスにおいて、すでに地域差が指摘されている（宣2006：p.61、p.418）中、こうした総合事業への移行がスムーズに進行するとは考えられない。サービスの区分は各自治体の裁量に任されているため、提供されるサービスの差が現れること、専門職の資格がなくてもサービスが提供できるように規制緩和されたことから、質の低下が懸念される。また、これまで自治体独自のサービスは地域支援事業の任意事業に盛り込まれていたが、2014年度までは介護保険給付費見込みの2%以内と上限が設けられており、自治体の自由度は低かった。2015年度からこの上限が緩和されることから、地域による取り組みの差は大きくなることが予想される。さらに、2015年8月から新たな負担として、これまで一律に1割負担であった介護保険の利用料を現役並みの収入のある高齢者については2割負担への引き上げとした。

4. 連携主体の分類

次に先行研究をもとに、介護予防や地域包括ケアに関わる多様な主体を分類する。多様な福祉提供主体を分類するモデルとしてPestoff（2000：p.48）の福祉トライアングルがある。Pestoff（2000：pp.47-51）は公共と民間、営利と非営利、公式と非公式の3つの社会秩序の視点から基礎的な統治制度として国家、市場、コミュニティ、アソシエーションを位置付けた。この概念においては福祉サービスの生産・提供者を4つのセクターに分け、国家を公的セクター、市場を営利セクター、家族コミュニティをインフォーマル・セクター、国家、市場、コミュニティを覆う領域を第三セクターとしている。1998年に

58 第1部 理 論 編

イギリスの労働党ブレア政権では第三の道を提案し「福祉への新しい契約」を発表した。それまでのイギリスではベバリッジ報告に提起される福祉国家の概念により、NHS（国民保健サービス）等の優れた社会保障制度を実施していたが、経済的、社会的な変動により問題を抱えるようになって包括的改革が必要となった。そこで提案されたのが、第三セクター、福祉ミックスへの移行、ステークホルダー民主主義、マルティステイクホルダー組織、市民社会など公的サービスにおける多様な主体の活用と連携である。Pestoff（2000：pp.47-51）は第三セクターとして特に生活協同組合と社会的企業を中心として、イギリスと同様の課題を抱えたスウェーデンにおける貢献の方法を検討している。

　これに対して松行・松行（2007：pp.8-10）は行政セクターの政府（行政組織）、営利セクターの企業（営利組織）、自立（市民）セクターのNPO（非営利組織）のパートナーシップを「新しい公共経営」とした。この3つのセクターが持つ価値観について松行・松行（2007：pp.8-10）は、「行政セクターは平等・公平・中立・安定、営利セクターは経済原則・競争原理・市場原理、NPOは多様性・先駆性・個性・創造性・柔軟性の価値観を重視する」と述べている。このような先駆的研究者の分類は、連携主体を分類する上で参考となるものの、本書では事業の範囲の連携主体の分類を意図するため、事業の内容に応じた整理が必要と考える。

　東川（2006）は、老人福祉計画や健康づくり計画、地域福祉計画などの計画に着目して、主体間連携を分類している。また現在の退院時における保健医療福祉の連携は医療機関から地域のサービス機関への連絡という一方向的なものであり、理想として身体状況の変化に伴いネットワークのリーダーが変わっていくような協働関係が望ましいと述べる。この他、連携事例として吉村（2012）は熊本県玉名市における市民・行政・大学の協働を報告している。住民組織の下位組織である自治振興区の連携による要請力の強化、高齢介護課、地域包括支援センターなど協力する行政内部の多様化と連携の強化、社会福祉協議会と大学の協力を図ることで、市民と行政が双方向のネットワークになったとしている。

　本書では、吉池・栄（2009）、山口（2012）、Pestoff（2000）、松行・松行

（2007）、東川（2006）、吉村（2012）、の研究を参考とし、組織の行動目的、役割に注目して、連携を構成する主体を次のように分類した。①公益目的により事業をコーディネートする行政、②教育研究目的により調査やツールを提供する大学・研究所などの専門職（調査・研究）、③専門的な保健福祉行動により事業を開催する専門職（医療・福祉）、④私益を目的とし事業を開催する民間、⑤ QOL（Quality of life：生活・人生の質）の向上を目的とし事業に協力する市民・市民団体である（表4-2）。以下では、各主体の役割などについて説明する。

表4-2　連携主体の構成組織と行動目的

主体	行動目的（役割）	構成組織
①行政	公益 （事業コーディネート）	国、県、市町村、市町村各課、 地域包括支援センター
②専門職 （調査・研究）	教育・研究 （調査、ツール提供）	大学、研究所、シンクタンク
③専門職 （医療・福祉）	専門的支援、職業倫理 （事業の主開催）	医師会、医療法人、社会福祉法人、 社会福祉協議会
④民間	私益、社会的責任 （事業の主開催）	企業、商工会、スポーツクラブ、 郵便局、銀行、農協、生協
⑤市民	QOLの拡大、互助 （事業の協力）	住民、自治会、自治振興区、ボランティア、NPO、民生委員、老人クラブ、自主グループ、市民団体、家族会、当事者の会

（筆者作成）

① 行政

　行政の役割では、健康支援においては市町村の高齢介護課は介護保険、健康推進課は健康増進、地域包括支援センターは介護予防のコーディネート、県は情報提供や国との調整、国は基本指針の提示などを行っている。それぞれ異なる役割を担うが、本研究では公益という行動目的に注目し、これらを行政とする。介護予防事業においては市町村が行う業務であることから、国や都道府県の役割としてまず、予算の補助がある。また、国からは介護保険に関する基本方針の指示や通達、県は介護保険事業者に対する管理や、当該

60 第1部 理 論 編

都道府県の医療計画方針との整合性を測ることなどの役割がある。

② 専門職（調査・研究）

　財団法人日本公衆衛生協会（2009）と吉村（2012）の報告を参考に、専門的役割が期待される大学・研究所を専門職（調査・研究）として連携主体に加えた。これらの主体は非営利な目的で調査を行う大学のような組織と、研究所という名称であるが営利目的のコンサルタントがあげられる。コンサルタントは企業に近い存在であるが、連携における役割に注目して専門職（調査・研究）とした。いずれも調査研究に関する技術を有する主体である。

　福祉に関する大学の地域貢献は、19世紀におけるイギリスのセツルメント活動にさかのぼる。日本の大学でも、教員や大学生などの知識人が一定地域に住み、そこに住む人々の教育、育児、医療など生活を改善していく活動は、1920年代頃より行われていた。ところが、現在では大学の地域貢献には課題があげられている。大宮・増田（2007：p.18）によれば、大学側が考える大学の地域連携・貢献には「公開講座の充実」や「住民の教養の向上」があげられており、地方自治体やまちづくり協議会が大学に期待しているものは「シンクタンクとしての役割」や「地域政策や地域づくりに関する提言」であった。長田（2009）はこのミスマッチについて、「「知」の集積と大学が考えている意識と、「研究者」の集団として地域の問題に取り組み発展に貢献してほしいという地域が持つ意識との違いに起因する」としている。看護師や保健師、理学療法士など介護予防に関わる医療専門職の教育制度は、国立大学を中心に1990年代から4年制に移行してきた。臨床での実践的な教育内容から研究も重視する教育に変化してきたことから、先に挙げたミスマッチが解消されれば地域社会への貢献は十分に期待できるものと考えられる。

③ 専門職（医療・福祉）

　次に専門職（医療・福祉）について、東川（2006）の研究では行政・企業・市民の3主体に分け公的病院を行政に、民間病院を企業に分類している。本書では病院などの医療法人は行動目的として専門的保健医療の提供を

行うため専門職（医療・福祉）とする。厚生労働省（2013）の提示する地域包括ケアモデルでは医療施設と介護施設、介護サービスは別々の主体と認識されている。また、医療法人や福祉法人は介護サービスでは急性期と維持期といった別の健康状態を支援する団体として区別されるが、健康支援の中では同様の専門的な健康維持活動のサービス提供を行うため、本研究では、合わせて専門職（医療・福祉）ととらえることとする。これらの主体の特徴は、それぞれ国家資格などの専門的資格を有し、その職業的使命感と職業倫理に従い行動するほか、所属する病院や施設の組織利益にも従う。

④　民間

山口（2012）のモデルでは企業が住民に分類されている。過疎地域において小規模な企業は住民組織に近い存在であるが、私益を行動目的とし、事業開催を行うことから別の主体と認識し民間とした。この民間組織は、企業、商工会、スポーツクラブ、郵便局、銀行、農協、生協などそれぞれの組織の営利を目的とするほか、経営理念をとおして地域社会における市民の信頼など、松野ほか（2006：pp.3-34）が述べる社会的責任を有する。市民の健康維持への貢献は、企業、商工会、スポーツクラブ、郵便局、銀行、農協、生協にとって信頼関係の構築と顧客の確保につながる。

⑤　市民

老人会、市民団体は各々のQOLの向上を目的とすることから市民とした。Pestoff（2000：pp.47-51）の定義によれば第三セクターとインフォーマル・セクターの間に、松行・松行（2007：pp.8-10）によれば自立（市民）セクターになる。これらを住民ではなく市民と表現した理由は、住民は当該市町村に住所を置くものであるのに対して、市民は幅広い概念を持つからである。田尾（2011：p.23）は「住民（residents）とはサービスを受ける人たち、市民（citizens）とは公共サービスの受け手であり送り手である」としている。また、佐藤（2005）は「市民とは自分で考え判断し行動できるもの、地域社会を担う主体となり得るもの、当該地域の在住者に限らないとし、住民とは特定地域の利害に縛られた依存性の強い個人、当該地域の在住者」としている。このような観点から、本研究の主体の分類として市民と

いう文言を使用する。

　NPO の行動目的は公益であるが、行政が行えない活動まで範疇に含むため、市民団体に類似すると判断した。山口（2004：pp.1-37）、辻中（2009）は非営利組織を市民社会組織と呼び、さらに自治会、NPO、公益法人や市民団体などの社会団体に分類しその政策への影響力をみている。市民活動に着目する場合はこうした詳細な分類が必要となるが、本研究では、他の主体との連携の目的や、連携から生み出される効果を分析することから、民意を反映する主体として、これらをすべて市民として位置づけた。これらの主体には相互扶助、互助という働きがあり、地域包括ケアシステムやソーシャルキャピタル（Putnam 1993、Kawachi 2008）でも注目されてきた。行政の下請けといった位置付けから、自律し自らのニーズを訴え、行政にはない柔軟な対応が可能な主体となりつつある。この主体について、仮に行政が費用削減の目的で安上がりな代行サービスとしてとらえている場合には注意を要する（田中 2006：pp.93-94）。

コラム 10・ソーシャルキャピタル

　直訳すると社会資本であるが、日本における社会資本はインフラストラクチャ（建物や橋などの構造物）を示すため、ソーシャルキャピタルは社会関係資本と呼ばれる。人と人とのつながりにより得られる産物を資本としてとらえている。ソーシャルキャピタルは行政によるサービスの成果や教育に影響を与え、健康状態にも影響を与えることから近年注目されている。閉鎖的で濃厚なつながりのタコつぼ型と、集団内は緩くつながり他集団とのつながりもある橋渡し型がある。このつながりを 紐 帯と呼ぶ。

　山本清（2009：p.44、p.49）があげる公的サービスにおける連携の利点に照らし合わせれば、①当該サービスにかかる投資の増加に直接関わるのは専門職（医療・福祉）、広報などにより間接的に関わるのは民間、②サービスの質の向上に関わるのは民意を反映する市民、専門的サービスを提供する専門職（医療・福祉）、③効率改善と④単独で技術革新に関わるのは専門職（調査・研究）、連携による技術革新が期待されるのは複数主体の連携、⑤再規制に関わるのは行政と再規制への資料を提供する専門職（調査・研究）となるものと考える。

5. ま と め

　社会保障制度の変化、介護保険制度の改変に伴い、多様な主体による連携が求められるようになった。多様な主体にはそれぞれの役割がありその役割を生かすような連携の在り方が求められている。

64 第1部 理 論 編

第 **5** 章

介護予防・地域包括ケアの主体間連携に
関わる分析フレーム

　本章では、既往の連携に関わる先行的な研究や事例をまとめる。これらをふ
まえ、多様な主体間連携を検討する枠組みとしての分析フレームを作成する。
連携に関わる分析フレームは、介護予防事業を主題としたものであるが、その
後の介護保険改定において、各自治体に構築が促された地域包括ケアシステム
の分析や、他の公的サービスの主体間連携の分析にも役立つことをねらいとす
る。

1.　企業経営分野での連携

　企業経営分野の連携に関わる研究では、資源依存理論（山倉 1993：pp.35-
40、渡辺深 2007：p.96）、制度理論（佐藤・山田 2004：pp.196-202）、社会ネッ
トワーク分析論（安田 1997：pp.96-97）、組織間学習論（松行・松行 2002：
p.109）、ネットワーキング論（今井・金子 1988：pp.139-152）、取引コスト理
論（今井・伊丹・小池 1982：pp.60-61）などがあり、これらを参考として島
津（2007：pp.51-84）は医療福祉に関する連携をネットワーキング論で分析
を試みている。

コラム 11・連携の研究

連携は組織間関係として1950年代から研究が進められてきた分野である。医療福祉の連携は Levine と White（1961）の研究がはじまりである。代替できない貴重で専門的な資源を調達するためには、組織が連携をしなければならない。着眼点として、資源依存論は連携の生成理由としてどのような資源のやり取りがあるか、制度理論は連携による個別の組織における制度的影響、社会ネットワーク分析は連携主体を結ぶ紐帯の強さやネットワークの構造、組織間学習論では連携によって得られる知識の伝播や創造による競争優位性、ネットワーキング論では連携におけるルール、ロール、ツール、取引コスト理論では連携ネットワークの信頼性がある。

2. 行政運営分野での連携

（1）供給方式の類型

行政運営分野での連携では、供給方式に着目して類型化される。代表的なものは官民競争入札、民間委託、PFI（Private Finance Initiative）、PPP（Public Private Partnership）である。総務省（2005：p.27）は、この供給方式の事業プロセスの分担にもとづく類型化を示している（表5-1）。

表5-1におけるⅠ・Ⅱの例は警察行政、戸籍事務、滞納整理事務（税・諸料金）など、直営、公権力の行使に関わるものなどである。Ⅲ・Ⅳの例は公の施設の指定管理者が施設運営を実施するが、提供コンテンツ（生涯学習のメニューなど）は行政自身が作成する場合であり、駐車違反、防災パトロー

表5-1 公共的サービス供給の行政の関わり方（事業プロセスの分担）の類型

プロセス	Ⅰ	Ⅱ	Ⅲ	Ⅳ	Ⅴ	Ⅵ	Ⅶ	Ⅷ
企画・生産	○	○	○	○				
公共性の認知・承認	○	○	○	○	○	○	○	○
実施・提供	○	○			○	○		
評価	○		○		○		○	

注：○は行政の関わりがあることを意味する。
出所：総務省（2005）山本（2009）をもとに筆者作成

66　第1部　理　論　編

ル、不法投棄パトロールなど従来型のアウトソーシングの典型例である。Ⅴ・
Ⅵの例は行政以外の主体が「生産」（企画立案等）したものを、行政が提供す
る場合であり、「対市民向けサービス」でコンテンツ作成部分などを外部調達
する場合であり、行政からの市民向け配布印刷物、普及啓発ポスター、紹介
ビデオなどの企画・作成を行政以外の主体が行い、配布を行政が行う場合であ
る。Ⅶ・Ⅷの例は、公の施設の指定管理者が、提供コンテンツ（生涯学習のメ
ニューなど）も作成し、施設運営を行う場合であり、民間が行う教育（私立学
校）、公共交通（鉄道、バスなど）、電気、ガス、企画まで民間に委ねた場合の
Web の管理運営である。介護保険サービスはこのⅦ・Ⅷとされている。（総務
省 2005：p.27）

　いずれの場合でも最終的な権限は行政にあり、どこを他の主体に委ねるか
の類型化である。この連携のルールとして総務省（2005：p.27）は、①協働主
体に求められる原則として情報公開、守秘、平等取扱い、利益の内部分配の抑
制、履行責任、②地域協働において行政に求められる原則として、サービスに
応じた関わり方のルールの確立とそれに応じた責任、③まちづくり協議会な
ど地域協働と行政とを媒介する中間的な組織に求められる原則として、情報公
開、守秘、平等取扱い、利益の内部分配の抑制、履行責任をあげている。

　地方政府と市民社会組織との相互関係について分析を試みた辻中（2009）
はガバナンス変数として主体の参加、影響力、相互行為、効果について指標を
あげている。まず主体の参加では市民を自治会、NPO、団体に分け、審議会、
計画、執行評価のどの段階に参加しているか、行政は委託しているか。影響力
では立案、決定、執行の政策過程にどの主体がどの程度影響力があるか、相互
行為では行政と他の主体との接触の頻度、一方向性か双方向性か、効果として
自治体職員の連携、分権、参加、効率化に対する意識変化を指標としている。
これは公的サービスへの主体の影響度を計画策定段階における参加の頻度で示
した評価であり、参加時にどのような行動を主体が行っているかは示されてい
ない。

（2） 公的サービスにおける連携の利点

　山本清（2009：p.44, p.49）は公的サービス提供における連携の利点として、①当該サービスにかかる投資の増加、②サービスの質の向上、③効率改善、④技術革新、⑤再規制をあげ、特に期待されるものとして、経費削減とサービスの質向上の2点をあげる。質の向上は民間の創意工夫や弾力的な措置でサービス期間の延長や変更が容易になることによる。

　山本清（2009：pp.35-39）は行政サービスの多様化について①プロセスアプローチ、②資源アプローチ、③経営アプローチにもとづいて類型化している。①プロセスアプローチは政策過程に注目し過程のどの部分を行政が担うか、民間部門が担うかを明らかにする。②資源アプローチではヒト・モノ・カネの資源をどの主体が資源保有、管理分担するかに着目して分析する。③経営アプローチではプロセスと資源を組合せ機能要件から、ネットワーク・協働を直営、業績契約、バウチャー、民間委託に類型化を行う。本書において扱う介護予防・地域包括ケアは施行途上の段階であり、③のようなはっきりとした類型化は行えない。事業の計画実行段階での各主体の役割を示すこと、連携のネットワークの生成理由を捉えられることが可能であるという理由から、①のプロセスアプローチと②の資源アプローチを分析フレーム作成の際に援用する。

（3） 政策過程における連携

　次に政策過程における連携に着目する。政策とは、目指すべき方向や目的を示すものであり、事業とは政策を実現する具体的な手段である。事業は、国からの財政補助や予算の範囲決めがあり、各自治体により実施される。公的サービス提供における主体間連携のあり様は、政策過程の段階によって異なるものと考えられる。医療介護等の福祉政策を検討することが、本書における目的であるが、具体的に実施されている事業を検討することにより、政策上の課題が明確となるものと考える。本書は政策レベルとは異なる事業レベルに焦点をあてるが、介護予防事業の提供過程ごとの主体の役割や連携の様子を観察できることから政策過程分析を援用する。特に、政策過程における課題設定から評価

68 第1部 理 論 編

までの一連の流れにおける各主体の役割について吟味するために本書では、政策過程とともに連携主体を捉えられることから Dye（2005：p.32）、森脇（2010）による政策過程の段階の枠組みを援用する。その理由は、両者の政策過程の段階は、介護予防事業の立案から提供までの過程と類似しており、主体の役割と連携が明確に観察できるからである。

コラム 12・政策過程の段階

　政策過程の段階について Lasswell（1951）は、問題の発見とそれに関する情報収集、提案、支持、発動、適用、評価および終了という7つの段階を提示した。これをふまえ Dror（1968）は7つの段階を大きく3つのステージに分けて分類した。基本方針決定ステージ、政策決定ステージ、ポスト政策決定ステージである。また、Dye（2005：p.32）による問題認識、課題設定、政策立案、政策正当化、政策執行、政策評価という一連の政策形成の過程を参考として、森脇（2010：pp1-14）は政策過程を立案、決定、実施、終了、評価とし、その後評価によりフィードバックが適切になされ修正改善がなされるとする。これらの政策過程を細分化した研究は、これまで多くなされてきている。例えば、政策決定段階における研究としては Simon（1947）による限定された合理性モデル、Lindblom ら（1963, 1968）による増分主義モデル、Cohen ら（1972）によるゴミ箱モデル、Kingdon（1984）による政策の窓モデル、Sabatier（1988）による唱道連携モデルがあげられる。政策実施段階では Dye ら（1980）古川（2006）によるトップダウン研究、Sabatier（1988）によるトップダウンとボトムアップを総合する研究などがある。政策終了段階においては岡本（2003）の研究があり、機能・政策・プログラムの3つの対象について、らい予防法を例としてあげ政策の終了がいかに困難かを検証している。このように、政策過程の各段階における主体の動きや相互作用はこれまで研究されている。

3．保健医療福祉領域における連携

（1）連携の概念整理

　吉池・栄（2009）が行った保健医療福祉領域における「連携」の概念整理では「連携」の構成要素として、①同一目的の一致、②複数の主体と役割、③役割と責任の相互確認、④情報の共有、⑤連続的な協力関係過程の5つを抽出

した。田中（1996）は、まちづくりにおける連携の目的を、①問題の共同解決、②無駄の排除、③不足を補い合う、④利便性追求や効率化、⑤規模拡大、質向上、⑥経済活動の活性化、⑦非常時の対応、⑧共存社会の実現としている。

（2）連携の促進要因

　医療介護福祉の連携に関する研究では、連携の促進要因に関する報告がある。連携の促進要因について、鳥海（2003）、伊藤・杉田（2003）、加藤（1995）、朱膳寺ら（2000）は、関連職種・機関間でさまざまな情報を共有する場や時間を設けること、お互いの仕事内容や役割・事業内容について理解すること等の個人的要因、縦割り行政や各専門職が所属する機関における指令系統の差異等の社会的要因が連携に関与するとしている。吉池・栄（2009）は精神保健分野の連携を促進する機関間要因として、連携の展開過程における、①目標の一致、②相互尊重・相互理解、③情報の共有化、④機関間における価値観の一致、⑤役割分担の柔軟性を、環境要因として、①法制度、②地域の社会資源をあげている。

（3）連携内容

　連携内容に関する分類について、寺田ら（2002）は事業、施設、人材、知識や技術、情報の共有に着目した（表5-2）。寺田らの分類は連携により、主体間はどのような資源を共有するかという観点を示唆する。例えば、個別事業連携型ではイベントにかかる人材や費用、施設共同利用型では場所、人的交流では人材間で伝播される知識と技術、健康管理情報共有型では健康情報、総合的事業ではすべての資源が連携の中でやり取りされる。ただしこの分類で扱われている主体は健康保険組合と自治体であり、両者は公益、保険料の増加を抑えるという共通の目的のもとで行動している。目的の異なる主体の連携における行動はさらに複雑であり、行動目的に即した連携構造の分析が必要であると考えられる。

70 第1部 理 論 編

表5-2 健康保険組合と地域の連携

タイプ	内容
個別事業連携型	①健康保険組合や企業と市町村が共催し健康教育を行う健康教育共催型 ②市町村が行う健康づくりイベントに健康保険組合・企業が協賛する健康づくりイベント等協賛型
施設共同利用型	地域が健康保険組合や企業に施設を提供、賃借
人的交流による連携型	①市町村の委託により健康保険組合・企業から市町村に人材を派遣する業務委託型 ②健康保険組合・企業と市町村の専門家が参加する勉強会を行う人材交流型
健康管理情報共有型	健康保険組合・企業から健康管理情報（健康管理手帳やカード等による）を市町村に提供する
総合的事業連携型	健康づくりに関連する専門スタッフを保有する健康保険組合・企業体が社会資源を活用して地域（市町村）との連携を総合的に推進する

出所：寺田・井谷（2002）をもとに筆者作成

（4） 連携主体間のつながり

次に連携主体間のつながりを理解するものとして山口（2012）のモデルがある。地域包括ケアシステムの萌芽である広島県尾道市御調町では、病院と行政という点と点を結ぶ線から、さらに専門職と行政、住民を結ぶ面へとネットワークを構築した（図5-1）。

山口（2012）は生活やまちづくりといった概念を付け加え、保健・医療・介護・福祉と生活の連携システムに発展させている。厚生労働省が2005年に報告した最初の地域包括ケアシステムは山口のモデルに類似しており、医療・介護・生活支援・予防・住まいの連携で構成されている。このシステムは予防、治療、リハビリテーション、福祉、介護に関して、この地域の社会資源を公立みつぎ病院に集約することにより、寝たきりゼロを目指した実践的システムである。2003年厚生労働省高齢者介護研究会による報告『2015年の高齢者介護』において再定義がなされ、2005年には介護保険改定により、医療、介護、福祉の連携のための窓口として地域包括支援センターが発足した。

第5章　介護予防・地域包括ケアの主体間連携に関わる分析フレーム　71

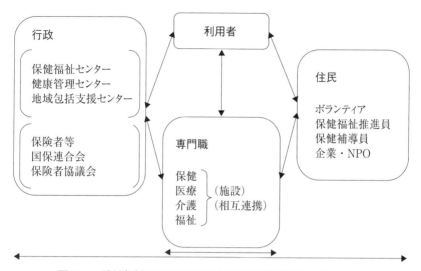

図5-1　地域包括ケアシステムにおける主体間のネットワーク
出所：山口（2012）をもとに筆者作成

　このような地域包括ケアシステムを、筒井（2012b）は Integrated Care（統合ケア）と Community based care（地域を基盤としたケア）ととらえた。Integrated は不分割、完全という意味であり、WHO（2003）によれば Integrated Care とは、「診断・治療・ケア・リハビリテーション・健康促進などに関するサービスの投入・提供・管理・組織化をまとめて一括にするコンセプト」と定義されている。Community based care とは「地域の健康上のニーズに応えるという点から地域の特徴、その地域独自の価値観などに合わせて構築する」と定義されている。もともとアメリカの慢性疾患の療養に役立てられたプログラムであり（Kodner & Kyriacou 2000）、連携がなされる医療と介護のシステムは異なるものの、現在ヨーロッパのうち9カ国、カナダでも Integrated Care がなされている（Leichsenring 2004, Esther 2009）。

　Integrated Care の段階について Leutz（1999）は3レベルの Integration、すなわち①Linkage、②Coordination、③Full Integration があるとした。筒井（2012b）は Leutz（1999）をふまえ、以下のように述べている。① Linkage（リンケージ：つながり、連携）システムの中で個人が緩やかにヘル

スケアのニーズに対処する段階、②Coordination（コーディネーション：調整、協調）急性期やその他のケアに調整されたケアを提供するために明確な構造を必要とする段階、CoordinationはLinkageと比較するとより構造化された形態のIntegrationといえるが、システムとしては別々の構造によってケア提供は行われているという状況を示す段階、③Full Integration（フル・インテグレーション：完全な統合）多様なシステムからのさまざまな要素が集まり、新たなプログラムや体系を作り出しそこからのサービス提供がなされているシステムである。地域包括ケアシステム以前の医療保健福祉の連携の段階について、前田（1990：pp.13-15）は、①連絡：個別の組織が随時情報の交換を行う状態、②連携：異なる分野が一つの目的に向かって一緒に仕事をすること、連絡から統合へ橋渡しをする一つの移行期、③統合：一つの組織で恒常的なつながりを持つ状態とした。いずれにせよ統合は連携より強固なつながりのレベルと考えられる。

　次にIntegrated Careを構築する範囲には3つの種類がある。①System Integration、②Organizational Integration、③Clinical Integrationである。筒井（2012b）は以下のように整理している。①System Integration（システム・インテグレーション：システム統合）：国や県など地理上の区分における、戦略的な計画・資金管理・購買システム・プログラムの有効性・サービスのカバー率などの活動を統合することであり、日本では国レベルでの行政的意図が反映されて実施されることになると考えられる。②Organizational Integration（オーガニゼーショナル・インテグレーション：組織的統合）：急性期・リハビリテーション・地域ケア・一時的医療・サービス提供事業所（者）などの活動を調整管理することであり、県や政令指定都市といった都市レベルでの行政的な関与が必須とされる統合である。③Clinical Integration（クリニカル・インテグレーション：臨床的統合）：高齢患者に提供する直接的な支援や医療行為および看護や介護といった臨床場面の範囲においての統合であり、これは病院単位、あるいは事業所単位においても有り得る統合のレベルといえる。筒井（2012b）はこれに、④規範的統合：組織、専門家集団、個人の間で価値観、文化、視点の共有、⑤運営的統合：事務管理業務、予算、財政シ

第5章　介護予防・地域包括ケアの主体間連携に関わる分析フレーム　73

ステムの提携の2つを加えている。

　さらに筒井（2012b）は Integrated Care の形式には、①Vertical Integration（垂直的統合）：急性期から慢性期、生活維持期という多様なステージにある患者への医療介護サービスを一つの組織で行うこと、②Horizontal Integration（水平的統合）：多職種・多分野における機関や専門職が協働し調整をしながらさまざまなケアを提供し患者の状態を改善していくことの2種類があるとしている。太田・大口（2012）は急性期医療から長期ケアへの移行過程における連携を垂直的統合、長期ケアにおける市町村、日常生活圏域等の地域レベルの医療と介護における専門職間の連携、およびインフォーマルサービスとフォーマルサービスとの連携を、水平的統合としている。この定義の中で、垂直的統合は地域連携クリニカルパスというツールにより促進されつつある。水平的統合の①専門職間の連携については臨床的統合と組織的統合、ケアマネジメントがあり、②フォーマルサービスとインフォーマルサービスの連携は、自治体が取り組む仕組みや体制、ネットワークとしている。筒井（2012b）、太田・大口（2012）の述べる地域包括ケアシステムにおける統合の形式と企業組織の統合の概念は異なる。地域包括ケアシステムについて、どの範囲の統合を水平的統合とするか、あるいは多角的統合と考えるかについては議論が必要である。

コラム13・企業組織の統合

　長谷川（1997）によれば、企業組織の統合では、垂直的統合は関連のある産業に属している企業組織で直接的に関係する異なった業務活動を経営する諸企業組織の合併または買収を示し、水平的統合は同一の産業に属する企業組織の合併または買収とされている。さらに異なる産業に属し水平的にも垂直的にも直接的に関係のない業務活動をする緒企業組織間の合併または買収を指す多角的統合（Diversified Integration、Conglomerate Mergers）がある。

　統合と連携の関係について、二木（2002：pp.42-44）は、介護保険制度では統合により地域の事業所間の連携が阻害される場合があるとしている。二木（2002：pp.42-44）は病院、施設、介護保険事業所を統合して運営する事業体を医療福祉複合体と呼び、複合体化が進めば地域の事業所間の連携は阻害され、介護保険費用も増加すると述べる。この複合体化は企業組織の統合でい

74 第1部 理 論 編

えば垂直的統合にあたるが、都市部でこのような医療機関による複合体が複数
存在すれば、競争が始まり、地域包括ケアシステムの構築は難しくなる。し
かし田中（2013）は都市圏以外ではこのような複合体の存在こそが地域包括
ケアシステムであるとしている。Leutz（1999）の定義する Full Integration
に近いモデルである広島県御調町は人口約 8,000 人であり、自治体の規模に合
わせた連携のあり方を検討する必要がある。このように医療福祉の研究では、
地域包括ケアシステムの国際比較、Integration を幾つかのレベルに分けるこ
と、Integrated Care を構築する範囲を一般化しているようであるが、統合の
形式について整理が必要であり、連携の効果については検証が必要であると
考える。また、Leutz（1999）、筒井（2014）がすでに指摘しているが、すべ
ての医療活動や対象者に Full Integration が必要なわけではなく、Linkage、
Coordination レベルで、対象者の状態や、医療の段階に応じて多様な主体と
連携をとることが望まれる。

4. 介護予防事業における連携

（1） 事業における連携のねらいと特徴

　介護予防事業の連携に特徴的であるのは、連携主体が専門職だけでなく非専
門職を含め多様であるということである。医療福祉の連携では連携主体は、主
として専門職に限られるため目的の共通認識が図られる。ところが、厚生労働
省老健局（2014）にも示されるとおり、介護予防事業では医療や福祉の専門
職のみならず、新しい総合事業の実施に当たっては「ボランティア活動との有
機的な連携を図る」「地域の人材を活用していくことが重要」と述べられてい
る。財団法人日本公衆衛生協会（2009：pp.77-79）は介護予防事業の参加率
向上のための主な工夫は、行政機関内の連携による体制強化、医療機関・関連
事業所との連携、一般高齢者施策・既存事業との連携、老人クラブなど高齢者
グループへのアプローチ、地区組織・知人・家族の活用としている。

（2）連携の課題

　公的サービスにおいて効果が期待される多様な主体の連携であるが、以下のような課題の指摘がある。山本清（2009：pp.49-50）は公的サービスにおける連携が多様化することについて、①技術（生産）効率の改善であって配分効率の改善ではない、②業績（成果）の監視・管理が困難で取り引費用が嵩む、③地理的制約や供給可能業者数で競争原理が作用しない、④副次効果・外部効果を無視している：企業機密の関係からアカウンタビリティ・透明性が低下する、技術的知識・経験が不足するために行政側のモニタリング能力が低下する、クリームスキミング、行政職員のモチベーションが低下する、⑤相互に矛盾する多様な方式・技術の整合的管理は不可能である、といった課題をあげている。財団法人日本公衆衛生協会（2009：pp.77-79）は介護予防事業の委託の課題として地域に委託先となる事業者が少ない、委託先業者に専門職が不足していると述べている。このように主体が多様化すれば目的の共通認識は困難になる。また、それぞれの主体に応じて、介護予防事業の主体間連携への行動目的は異なる。韓・高橋（2006）は、介護予防教室の実践例をとおして、保健・医療・福祉の連携の問題点として各分野のセクショナリズムが強く所属組織だけに依存している、どのように連携するのかについての議論が少ないと述べる。

　介護保険に関わる連携では、石川（2013）は業務委託における連携についてPDCAサイクルの各段階に分け、市町村側と事業者を対象として調査し、連携の課題としてモニタリング結果のフィードバックにおける保健師と事業者との意識の相違点を指摘している。こうした課題は筒井ら（2010）が示す連携活動指標では把握できない。また、ガバナンスの視点から山本隆（2009：p.112）は、福祉政策における多元的な供給体制は経済効率よりも人道性、柔軟性、ニーズへの敏感な対応を求めるものとしている。

コラム14・クリームスキミング
　いいとこ取り、牛乳の表面のおいしいクリームのところを持っていくというのが語源。福祉の供給では経営を重視して、儲かるところへ投資することを指す。例えば過疎地での訪問サービスや送迎付きの通所サービスは、移動距離が長いため多くの患者を獲得できない。そのため介護保険事業所は都市部に多い。

76 第1部 理 論 編

（3）　連携の実態把握の必要性

　介護保険に関わる連携の実態把握を行う尺度として、筒井（2003）が開発
した連携活動評価尺度があげられる。介護保険制度では要介護者のサービス提
供に先立ち、受給者ごとのケアプランがつくられる。このケアプランをつくり
サービスの連絡調整を行うケアマネジメントの専門的職種として、日本では介
護保険が開始される2年前から介護支援専門員を育成した。介護支援専門員の
受験資格は医療福祉関係の多岐の職種に与えられており、試験と研修により現
在の業務を行っているが、その技能に差がみられることは指摘されている（厚
生労働省 2013：pp.5-17）。この介護支援専門員の技能を測定するものとして
作成された評価尺度が、筒井（2003）の連携活動評価尺度である。

　筒井（2005）は連携について社会的要因は重要であるものの介入すること
が困難として、個人的要因に該当する連携促進活動に注目し、医療介護におけ
るケアマネジメントに関わる連携の評価として「連携活動評価得点」を考案し
ている。その内容は、①情報共有、②業務協力、③関係職種との顔の見える関
係作り、④連携業務の管理とされ、これらに注目し、連携の特徴に応じた下位
項目を、情報交流得点、業務協力得点、関係職種との交流得点、連携業務の管
理処理得点に分けている。この評価は連携業務に関わる保健師に対して行って
おり、尺度にはサービス提供に必要な知識や情報の収集や、他の専門職との会
議への参加、他機関の業務や実施に関する伝達等が含まれている。評価の対象
者は地域包括支援センターに勤務する介護支援専門員であり、これをもとに筒
井ほか（2010）は全国の地域包括支援センターの連携活動を調査し、基本属
性として専門職、地域包括支援センターの職員経験の長さ、保健と福祉、介護
といった複数の資格保持者の連携活動能力が高いとしている。このほか横山
（2013）は地域職域保健推進事業においてワーキング会議の開催状況に注目し
て分析を試み、会議の回数が多いほど密な連携が行われているとする。

　他方で、阿部・森田（2014）、森田（2013）は「医療介護福祉の地域連携尺
度」を作成した。この評価方法も、連携にかかわる個人因子から当該地域の連
携状況を評価するものとして開発されており、医療介護福祉従事者に対して行
うものとなっている。項目は、①他の施設の関係者と気軽にやりとりができ

る、②地域の他の職種の役割が分かる、③地域の関係者の名前と顔・考え方が分かる、④地域に相談できるネットワークがある、⑤地域のリソースが具体的に分かる、等である。筒井（2005）、阿部・森田（2014）、森田（2013）の評価はいずれも連携の中心主体やキーパーソンの働きに注目し、これを指標化した尺度である。

　次に笹井・筒井（2012）は地域包括ケアシステムに関わる保険者を評価する尺度を考案している。これは連携を評価するものではないが、地域包括ケアシステム自体が自治体主導の地域連携を前提としたものであるため、連携における自治体の機能評価とみることができる。この評価尺度は5分野（①介護保険事業計画・政策立案の状況、②地域連携の仕組みづくり、③自治体としての地域包括支援センター職員への支援、④介護支援専門員・介護サービス事業者への支援、⑤高齢者虐待対応・権利擁護対応等に分類）、12項目、4つの下位尺度（「地域包括支援センターの評価・支援」「介護保険事業の点検・指導・監督」「介護サービス事業者・ケアマネジャー支援」「中長期的な展望」）から構成される。

　また、高松（2001）は、栄養活動から保健所における地域保健福祉の連携について、健康づくり協力店事業から見た民間との連携の活動評価表を作成している。この評価表は地域連携に関わる栄養士を対象に作成されており、事業段階（事業開始期、事業普及期、事業拡大期）にわけた項目を設定している。さらに項目は、①事業計画実施体制、②健康教育・栄養食教育、③事業維持推進体制により構成されており、①の下位項目には目的、組織、効果、システムなどがあり、それぞれの下位項目は事業段階ごとに設定されている。国立長寿医療センター（2013）は在宅医療介護連携のためのハンドブックを作成し、連携の具体的取り組みについて、会議の開催、地域の医療福祉資源の把握および活用、研修の実施、支援の実施、効率的な情報共有のための取り組み、地域住民への普及啓発、年間事業計画の存在が特に重要であるとして、これらが執行されている自治体の事例を挙げている。笹井・筒井（2012）、高松（2001）、国立長寿医療センター（2013）の評価は、執行の確実性や、事業の継続に関わる尺度である。

これらは行政における連携の程度を測定する尺度として考案されており、連携の質に関する代替的な計測指標である。介護支援専門員の技能向上や、地域包括支援センターの連携に関わる業務の見直しに役立つことが期待される。ただし、連携を行うこと自体が好ましいこととしてとらえられており、連携の負の側面である課題の把握が困難である。また、これまでの連携の分析はスポット化され、数値化された量的な連携の把握であり、質的な把握や継続的な把握による分析ではない。

コラム 15・保険者

　保険を管理する側を保険者、保険料を掛け保険サービスを受給する側を被保険者という。介護保険では保険者は市町村、小規模な市町村は集まり広域連合として保険の管理を行う。被保険者は第1号被保険者と第2号被保険者に分けられる。第1号被保険者は65歳以上、第2号被保険者は40歳から64歳である。第1号被保険者は介護の必要な状態になった時、介護保険サービスを受けられるが、第2号被保険者は16の特定疾患に起因した介護の必要な状態でなければサービスを受けられない。

（4）各主体における活動内容

　連携の先行事例を取り上げ、いかなる主体間連携がみられるかをまとめる。厚生労働省（2011b）による、介護予防事業の効果的な取り組み事例では、茨城県城里町では、行政、社会福祉協議会、民間事業者、歯科衛生士会が連携しており、定例会で活動の助言や町の意向を伝えている。また町の50カ所ある集落センターで活動している。宮城県柴田町ではNPO法人、大学生、ボランティアサークルと連携し参加率を高めている。鳥取県若桜町では委託事業者が地域ケア会議（事業者ネットわかさ）で顔の見える関係づくりを行う。行政は年2回の事業評価、事業へ顔を出し、情報交換を行う。その他に報告されている事例では、畠山ら（2011）によれば、千葉県浦安市では行政と市民、民間の介護予防を進める会が運営方法や体力測定、認知症ケアなど専門的内容に関する知識の習得を行っている。飯吉ら（2011）は、新潟県の豪雪地帯において民生委員と大学、住民が協力し近隣の見守りリストを作成し、専門職が少

ない中で介護予防が必要な高齢者の早期発見の報告をしている。吉村（2012）は熊本県玉名市における市民・行政・大学の協働を報告している。住民組織の下位組織である自治振興区の連携による要請力の強化、高齢介護課、地域包括支援センターなど協力する行政内部の多様化と連携の強化、社会福祉協議会の協力を図ることで、市民と行政が双方向のネットワークになったとしている。

　医療経済の連携を経済学的にとらえた庄司（2013）は医療介護の情報共有における連携の各行動主体におけるインセンティブ（奨励、動機）付けと効果を次のようにまとめている（表5-3）。庄司（2013）は行動主体を被保険者、国、保険者、医療・介護サービス提供者に分類している。被保険者は安価なサービス利用をインセンティブとして連携に参加し、その効果として情報の非対称性の解消があげられる。国は税負担の抑制をインセンティブとして連携に参加

表5-3　医療介護の情報連携における各主体に対するインセンティブ付けと期待される効果

行動主体	インセンティブ	効果
被保険者	・サービス利用自己負担額のディスカウント ・医療介護保険料の低下（抑制）	・外部チェックを通じた情報の非対称の解消 ・サービス利用のための機会コストの低減
国	・税負担の低下（抑制）	・財政の硬直化の緩和
保険者	・医療・介護サービス支出の効率化（医療費・介護費総額の抑制） ・外部チェックによる医療 ・介護サービス給付の透明化	・医療保険・介護保険財政の健全化（外部チェック・情報管理のための新規コストと機会コストのバランスをクリアできれば）
医療・介護サービス提供者	・適切な供給に対しては、診療 ・介護報酬単価のUP（特に予防への重点配分）	・医療介護サービス提供者間のシームレスな連携（機会コストの低下による収益改善） ・供給総量を抑制（過剰供給の解消） ・供給者一人当たりの単価がUP

出所：庄司（2013）をもとに筆者作成

80 第1部　理　論　編

し、その効果として財政の硬直化の解消があげられる。保険者はサービス支出の効率化、サービス給付の透明化をインセンティブとして医療保険・介護保険財政の健全化が効果としてある。医療・介護サービス提供者は診療報酬アップをインセンティブとして機会コストの低下という効果を得る。

　介護予防に関わる多様な主体も、異なるインセンティブにより連携に参加しているものと考えられ、連携の実態把握には、このような各連携主体における連携参加の目的を分析する視点が必要である。

5. 連 携 構 造

（1）　時系列的な連携構造

　時系列的な連携構造を理解するものとして、医療連携のクリニカルパス（治療工程表）がある。クリニカルパスは郡司（2000）によれば、軍事や宇宙開発に用いられた合理的計画手法のひとつであり、現在では「医療チームが共同で作り上げた、患者の最良の管理だと信じるところを示した仮説」と定義されている。医療分野では、チーム医療の促進、医療の標準化、インフォームドコンセント、在院日数の短縮化などに役立てられる。例として大腿骨頸部骨折

表5-4　大腿骨頸部骨折のクリニカルパス

月日	入院日	手術日	1〜2日	1週後	2週後	退院後
処置	説明	点滴 ——————————————▶		抜糸	投薬	
検査	XP、血液 ——————————————————————————▶					通院検査
リハビリ	血栓予防		車椅子	免荷歩行	部分荷重	杖歩行
食事	指示食	絶食	指示食 ——————————————————▶			
排泄		カテーテル	カテーテル抜去、Pトイレ	病棟トイレ ————————▶		
その他	オリエンテーション	手術経過説明	MSWへの連絡	転院先への連絡、カンファレンス	退院オリエンテーション	

出所：佐世保市立総合病院ホームページをもとに筆者作成

患者のクリニカルパスのモデルを示す（表5-4）。クリニカルパスにはこの他、在宅患者用の地域連携パスがある。内容は、急性期から回復期、退院後のリハビリテーションやケアを受ける場と役割を示した計画となっており各地域の社会資源に応じて独自のものが用いられている。この計画でやり取りされるものは、主として各主体が持っているケアの対象者の情報である。急性期病院から回復期、退院後の施設へと対象者情報が送られていく。このようなフレームの縦軸に連携主体の役割を示し、フレームの横軸に Dye（2005：p.32）、森脇（2010）による政策過程をあてはめれば、政策過程における主体の役割が観察できる。ただし、クリニカルパスには各主体が互いに与える影響を示せないという欠点がある。

コラム 16・クリニカルパス
　クリニカルパスは必要な治療・検査やケアなどを縦軸に、時間軸（日付）を横軸に取って作られている。この工程表は他の部門が同時期に何をしているかがわかり、共同作業は何であるか明確になる。ただし、クリニカルパスにはバリアンス（逸脱）が起きる。バリアンスには、転院先が見つからない等の社会的要因、医療技術や機器の不足といった設備技術的要因、経過の差等の個人的要因がある。

（2）組織間ネットワーク

　地域包括ケアシステムにおける各主体の連携を、要支援、要介護のケアの段階に合わせて資源や連携主体を組み合わせるモデルとして長谷川（2013）のケアサイクルがある（図5-2）。要介護状態となった高齢者は急性期ケア、回復期ケア、在宅、末期ケアといったケアの標準的プロセスを進む。定常状態となっても、合併症や転倒などのエピソードにより、このサイクルを回り徐々に衰えていく。サービス提供者はサイクルのどこにどのような役割で参加するか、自らの位置づけをケアサイクルにマッピングする。このモデルは一つの症例に関して疾患の段階に応じて資源をどのように調達し、提供主体がどのように連携するかという視点を与える。

　また、島津（2007）は地域医療・介護の連携について組織間ネットワーク

82 第1部 理　論　編

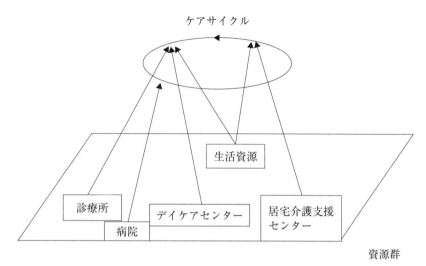

図 5-2　地域包括ケアシステムにおけるケアサイクル
出所：長谷川（2013）をもとに筆者作成

の分析を試みている。ここでいうネットワークとは直接的、間接的に結ばれている社会関係の網であり、結ぶ線の関係を紐帯と呼ぶ。島津は医療・介護組織の連携をネットワーク型の連携として図5-3の様に示している。島津（2007）のネットワーク理論ではネットワークのメンバーを示す点と点の二者間の関係だけではなく、組織間関係を含むネットワーク全体の構造が組織に影響を与えるとしている。この視点は現在出来上がっている事例分析には適するものの、

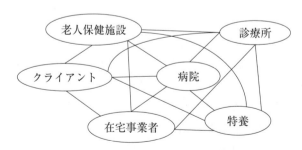

図 5-3　ネットワーク型の連携
出所：島津（2007）をもとに筆者作成

ネットワークの生成理由を説明することが難しい。また、医療・介護の連携とは異なり介護予防においては、このモデルの構成主体にはない企業や住民のエンパワメントを活用する視点が必要である。

さらに、熊川（2006）はこのような連携の解釈の差について、2種類の分類を試みている。熊川（2006）によるヘルスケアシステムでは、ある刺激に対して構成要素がどう反応するか正確に予測することができるものを単純系機械型システムと呼び、刺激に対して構成要素がきわめて多様な反応を起こすものを複雑系適応型システムと呼ぶ。単純系機械型システムは統計的管理手法により、複雑系適応型システムは単純な原則を導入し自己組織力を発揮させる条件と状況を創出することにより、「質」の向上を図ると述べる。ヘルスケアシステムが良いパフォーマンスを発揮するためには、2つのシステムを同時にマネジメントすることが必要であるが、クリニカルパスは単純系機械型システムにのみ有効とし、複雑系適応型システムの研究の遅れを指摘している。

小笠原ら（2007：pp.3-21）は熊川の定義を踏まえ、アウトカムの明確な医療は単純系機械型システム、ケースに即した在宅医療や介護・福祉などの地域包括ケアは複雑系適応型システムであるとしている。筆者は、介護予防においてはクリニカルパスのような時系列的に各主体の動きを示すものと、寺田ら（2002）山口（2012）や島津（2007）、長谷川（2013）のように各主体間の連携行動をネットワークで示すものの2つの視点により分析することで、連携の特徴が捉えられるものと考える。ところが、これまでの医療福祉に関する連携における分析はこのような視点から捉えられていない。長谷川（2013）のモデルはネットワーク上にケアサイクルの時点が現れる点で参考となるが、各主体間における連携の過程を示すことができない。

これまでの医療福祉に関わる主体間連携の研究は、実際にサービスが提供されている場面での連携しか捉えていない。事業の実施には、サービス提供に至る以前の政策過程が存在している。課題設定と事業計画である。課題設定は政策過程ではアジェンダセッティングとされ、政策策定段階では非常に重要な段階である。つまり、公的サービスにおいては事業実施の前に、事業の計画策定段階がある。ところがこれまでの医療福祉の連携における分析では、事業実施

84 第1部 理 論 編

の段階の連携しか議論されてきていない。多様な主体による連携は事業の実施以前の計画策定の段階から行われており、その分析は公的サービスの質に影響する重要な要素である。また、ネットワークによる連携の分析では、連携による効果や課題などの作用はこれまで論じられていない。ここにおいて、公的サービスの時系列的な分析と、多様な主体の連携を見る必要性がある。

6. 分析フレームの提示

介護予防に関わる主体間連携を解釈するためには、事業の計画実行段階における時系列的な主体の動きを分析するものと、主体間の連携行動が分析できるものが必要である。これまでの連携の分析は事業の実施段階のみであり、政策過程のどの段階で連携が行われているかを明らかにするものではなかった。また、ネットワークの生成過程を説明することができなかった。そこで、新たに主体間連携を分析するためのフレームを作成した。これを表5-5、図5-4（その1）〜（その3）、図5-5、に示す。

表5-5は医療連携のクリニカルパス、総務省（2005）、Dye（2005：p.32）、

表5-5　プロセスを示す分析フレーム：計画策定実行段階と各主体の役割

段階＼主体	①計画策定段階Ⅰ		②計画策定段階Ⅱ		③実行段階	
	課題設定	課題範囲決定	手段・制約条件検討	実行計画策定	事業実施	モニタリング
行政	計画策定予算検討		目的・方法・人材の検討予算決定		事業実施	
専門職（調査・研究）	理想設定	ニーズ把握調査	ノウハウ提供		ノウハウ提供	再調査
専門職（医療・福祉）民間	調査協力		人材・物・場所の提供提示		事業開催	
市民	情報提供	意見提示	協力要請	意見提示	事業参加	評価

（筆者作成）

森脇（2010）を参考に作成し、プロセスを示すフレームとした。横軸に政策の計画実行までのプロセスを時系列に並べ、縦軸に各連携主体の役割と実行内容を示した。このプロセスは、Dye（2005：p.32）による、問題認識、課題設定、政策立案、政策正当化、政策執行、政策評価とするモデル、森脇（2010）による政策過程を立案、決定、実施、終了、評価とし、その後評価によりフィードバックが適切になされ修正改善がなされるとするモデルを参考とした。

　介護保険計画策定指針（2011）には住民の参画を掲げているが具体的なプロセスは無いため、計画策定の段階は厚生労働省の健康日本21計画実践の手引（2002）と社会保障審議会による地域福祉計画策定指針（2002）も参考とした。前者の健康日本21計画では計画策定の指針として健康課題の設定、実現可能な目標の設定、目標達成の評価のプロセスをあげている。また、後者の地域福祉計画策定手順においても、課題の把握、計画の策定、実施の評価の3段階に分けている。

　本研究では、まず課題設定段階と課題範囲の決定段階を計画策定段階Iとした。課題設定段階において、市民は現状の情報を提供する。専門職（調査・研究）が理想を設定する。課題範囲決定段階において市民は意見を提示し、専門職（調査・研究）は調査を行い、ニーズを把握する。専門職、民間は調査に協力する。行政は計画を策定し、予算を検討する。次に、手段・制約条件の検討段階と実行計画策定段階を計画策定段階IIとした。手段・制約条件の検討段階において市民は協力を要請する。計画策定段階IIにおいて、専門職（調査・研究）はノウハウを提供し、専門職（医療・福祉）、民間は人材・道具・会場の提供を提示する。行政はこれを基に目的・人材を検討し予算を決定する。計画策定段階を2段階とした理由は、Iは立案であり課題設定の段階、IIはその中でも実現可能な課題の解決案に焦点化して現実の計画を決定する段階であり、政策実施の過程においては主体と役割が明確に分けられるからである。最後に、事業実施段階とモニタリング段階を実行段階とした。実行段階において行政は事業を提供し、専門職（医療・福祉）、民間は事業を開催する。事業実施段階において専門職（調査・研究）はノウハウを提供し、市民は事業に参加

86 第1部 理 論 編

する。モニタリング段階において市民は事業を評価し、専門職（調査・研究）
は再調査を行う。森脇のフレームでは事業実施段階に政策の終了を入れている
が、実際の政策過程において終了は明確ではなく、実施の後にモニタリングに
よる事業の評価が行われるため、上記の6段階とした。

　次に、図5-4（その1）～（その3）は5つの主体間の連携内容を示すフレー
ムである。島津（2007）のネットワーク分析における紐帯は双方向であり内
容は言及されていない。山口（2012）の地域包括ケアモデルでも、連携の行
動内容は表現されていない。安田（1997：pp.96-97）はネットワークの頻度
を測定し紐帯の強さを測定しているが、ここでは紐帯を方向付け矢印とし、連
携の目的と効果を考えるために矢印上に紐帯における行動内容を示した。これ
により連携の生成過程を捉えることをねらいとした。

　まず、行政は、計画策定段階Ⅰの課題設定段階において調査を専門職（調
査・研究）に委託する（図5-4（その1））。専門職（調査・研究）は、計画策
定段階Ⅰの課題設定段階において評価やツールなどのノウハウを行政に提供す
る。また、市民のニーズを把握し、市民の声を代弁する。専門職（医療・福
祉）、民間は事業のノウハウを専門職（調査・研究）から得、専門職（調査・
研究）の教育研究に協力する。次に計画策定段階Ⅱの実施計画策定段階におい
て、行政は民間から事業開催のための人材・場所の提供を受ける（図5-4（そ
の2））。実行段階において専門職（医療・福祉）、民間は事業を開催する（図5
-4（その3））。市民は専門職（調査・研究）が行う調査に協力することによっ
て、教育研究に協力する形となる。市民は場合によってその一部である自治会
や老人クラブ、NPOは、行政の末端業務代行として事業対象者の把握や事業
の開催協力を行う。また、専門職（医療・福祉）、民間に対して利用料を支払
う。なお、市民は行政に対して日ごろより税金を支払っているが、この支払い
に関しては図に表示していない。図5-4（その1）～（その3）をまとめたも
のを図5-5とする。表5-5に示す分析フレーム（計画実行段階と主体の役割）
においてはこの計画実行段階を3段階に分け、さらに詳細を6段階としてい
るが、主体によっては明確に6段階とならない役割のものがあるため、図5-4
においてはその1、その2、その3の3段階に分けたフレームとする。

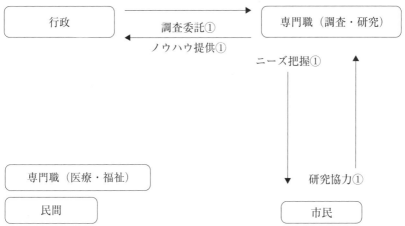

注：①は計画策定段階Ⅰの連携を示す

図5-4 （その1）計画策定段階Ⅰにおける主体間連携内容に着目した分析フレーム

（筆者作成）

注：②は計画策定段階Ⅱの連携を示す

図5-4 （その2）計画策定段階Ⅱにおける主体間連携内容に着目した分析フレーム

（筆者作成）

88　第1部　理論編

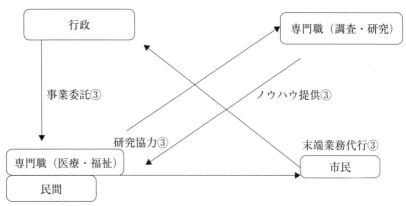

注：③は実行段階の連携を示す

図5-4　（その3）計画実行段階における主体間連携内容に着目した分析フレーム

(筆者作成)

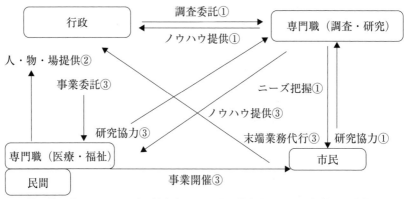

注：①、②、③はそれぞれ計画策定段階Ⅰ、計画策定段階Ⅱ、実行段階の連携を示す

図5-5　主体間の連携内容に着目した分析フレーム

(筆者作成)

7. 調査と分析方法

事例分析の方法として、まず、自治体の介護予防事業担当者に、事業の連携主体、計画実行段階における中心主体、連携の効果について、事前に調査用紙を送付して回収後、その確認と補完のためにヒアリング調査を行う。調査の内容は、各計画実行段階における連携主体と、その連携の目的や効果などである。またヒアリング調査の内容をもとに本章において作成した分析フレームに主体とその役割を記入していく。作成した分析フレームを自治体の介護予防事業担当者に見せ、介護予防事業における似たような連携が行われているかを確認する。連携方法によってはこのフレームに該当しない役割があるかもしれないが、その場合は新たな記入を加え、該当する役割が無い場合はその旨を記入する。表5-5に示したフレームは事業の計画実行段階において、時系列的に主体の参加と役割を観察する。また、各段階におけるリーダーシップはどの主体が担っているのかを把握する。

図5-4、図5-5に示したフレームは連携における主体間の相互関係を把握するために用いる。各連携を表す紐帯に連携における行動を記入し、その目的と効果を確認する。このフレームにおいては計画実行段階の段階ごとの主体間にどのような行動や資源のやり取りがあるかを確認する。

この分析フレームを用いて、代表的な自治体における介護予防事業の主体間連携を分析する。異なる事例の分析が可能であれば、今後は、その他の公的サービスにおける主体間連携による事業や、医療介護に関わる主体間連携の分析にもこのフレームが応用できるものと考える。

8. ま　と　め

行政が主体となって行う機能訓練事業と異なり、介護予防事業では複数の主体が関わる。本章では、介護予防事業の運営手法の特徴である複数の主体に注目し、その連携形態を分析するためのフレームを検討した。介護予防事業に関

90 第1部 理 論 編

わる連携事例や医療福祉の連携モデルをもとに、まず主体の認識について整理し、それぞれの主体の連携を分析するための2種類のフレームを作成した。1種類は事業の計画実行段階の時系列において各主体の事業への関わりの時期や主体同士の連携の場がわかるもの、もう1種類は各主体相互のやり取りが示されるものとした。また、本研究の枠組みとして介護予防事業を主題として自治体とそれを取り巻く主体間の連携について分析する必要性と視点を提示した。

　主体間連携については企業の連携についてさまざまな研究がなされているが、行政サービスにおける連携では、政策過程を明示的に考慮した分析の枠組みが必要とされる。この点において本章では主体間の連携における政策過程に注目し、計画策定段階Ⅰの課題設定と課題範囲決定、計画策定段階Ⅱの手段・制約条件検討と実行計画策定、計画実行段階の事業実施とモニタリングの6段階における主体間連携の様子を観察できる枠組みとした。それに先立ち、分析対象とするサービス提供主体について分類を行った。行政サービスの連携を評価するのが困難な理由、また連携そのものを構築するのが困難な理由として、各主体において連携に参加するインセンティブが異なることがあげられる。そこで行政のサービス提供に参加する主体について、連携の行動目的をもとに行政、専門職（調査・研究）、専門職（医療・福祉）、民間、市民の5つに分類した。この5つの主体に実際の連携主体を分類し、分析フレームを用いて計画策定段階と計画実行段階における役割を記入していくこととした。

第2部

分 析 編

第 **6** 章

事業移行に伴う課題
― 機能訓練事業と介護予防事業の実態把握 ―

　介護予防事業が開始された 2006 年に、実施主体である市町村合併が終了した。この時期から 10 年間にわたり調査することにより、合併後間もない各自治体が、その後どのように介護予防政策を展開していったかを把握する。これまでの医療福祉に関わる連携の研究は、事例提示である。ある時点における連携事例が効果をあげていたとしても、その後の様子については観察されていない。これを経年的変化として検討する。

　介護予防事業は要介護高齢者の増加と介護保険給付費を抑制するため、2006年度に介護保険改革の大きな柱として開始された。機能訓練事業は老人保健法において虚弱高齢者の機能維持のための事業として行われてきたが、2000 年度以降は介護保険サービス、2006 年度以降は介護予防事業が開始されたことにより、見直されることとなった。2008 年度には根拠法である老人保健法が廃止されたことにより市町村の任意事業となった。そこで、両事業の内容や対象の変化について、広島県全域を対象とした実態調査を行い、制度の移行における課題を検討した。

1. 調査目的、実態把握のための枠組み

　複数の自治体の事業担当者へのアンケート調査および聞き取り調査により、機能訓練事業の終了と介護予防事業の開始後の変化について経年的に観察し、介護予防事業における運営上の課題を明らかにする。介護予防事業開始時の介護予防事業と機能訓練事業の実施の状況について、自治体ごとに地域差や何か

異なる特徴があるか。機能訓練事業と異なり、介護予防事業ではいかなる主体がどのように連携し事業に関わっているか。経年的分析では、事業実施段階の状況について、事業開始1年後、3年後について、自治体の予算や委託、連携先、関わる主体、実施場所や料金、参加者数などを比較する。これにより、いかなる特徴の運営が効果をあげているのか、事業実施の課題は何かを検討する。

（1） 調査目的

　介護予防事業の導入において肯定的な意見もあれば、導入に慎重な意見もある。まず、肯定的な見解として2004年社会保障審議会介護部会の報告書では2015年以降急増する後期高齢者への対策として「前期高齢者やそれより速い年齢に介護予防対策を講じれば後期高齢期における介護状態を相当程度防止できる。今後19年間に実効ある介護予防システムを作り上げ制度全体を予防重視型システムに転換していくことはこれからの介護予防費用の増加を極力押さえ深刻な事態が予想される2015年を乗り切る上で不可欠な課題である」と述べている。高橋（2006）は団塊世代の高齢化がピークとなる2020年までに介護予防を導入し高齢者の自立を促さなければ介護保険制度の維持は難しいと述べる。

　これに対して、慎重な見解として岡本（2006）は、機能訓練事業を含む老人保健事業には年間600億円から800億円の予算が投入されており、その医療費抑制効果があったのかなかったのかの検討がなされないまま、介護保険財政に肩代わりされたとし、軽度要介護者に対する介護予防事業の導入にあたり家事援助のサービスがカットされ、高齢者の筋力トレーニングはかえって危険として予防給付に批判的である。

　このように老人保健事業における機能訓練事業、介護保険法における介護予防事業に関して異なった見解があるが、両事業にどのような違いがあるか、どのような問題があるかは必ずしも明らかではない。そこで本章においては以下、2007年度と2010年度の広島県を対象地域として、機能訓練事業、介護予防事業がどのように変化しているかについてアンケート調査を行い検討する。

（2）実態把握のための枠組み

　高齢者の健康維持の事業は、機能訓練事業から介護予防事業へ変化してきた。この変化の目的は、高齢化の進行や高齢者の健康状態が機能訓練事業の開始当時とは異なってきており、事業の見直しが必要であったことがあげられる。それでは、介護予防事業は機能訓練事業の欠点であった内容・サービスの画一化、効果の評価といった点をどのようにとらえているのだろうか。開始から3年後の様子を、限られた地域ではあるが詳細に観察する。図6-1に検討の枠組みを提示する。機能訓練事業と介護予防事業の移行において、健康維持のサービスが多様な主体によるサービスへと変化しているのかを検討する。調査期間は、介護保険の第3期2007年度から第4期の2010年度に行った。また、介護予防事業が開始されたにもかかわらず、対象と目的の似た機能訓練事業が継続されている自治体の特徴を探ること、介護予防事業の参加者が増加した自治体の特徴を探ることにより、制度移行期の実態と課題を捉えることとした。

　まず、2007年の調査においては対象地域における事業の参加者の絞り込みについて対象者把握の方法、対象者数、参加者数、対象者の疾患、サービス内容として実施時間、利用料金、広報方法、実施場所、内容、関わる職種の項目を、機能訓練事業と介護予防事業において比較する。また介護予防事業は機能訓練事業と異なり、多様な主体を活用することにより事業の活性化を目指して

図6-1　事業移行における実態把握の枠組み
（筆者作成）

第6章　事業移行に伴う課題 ― 機能訓練事業と介護予防事業の実態把握 ―　*95*

いるため、委託の状況を確認する。また、機能訓練事業の存続に関して意見を集約する。2010年の調査においては機能訓練事業を行う自治体が減少したことから、介護予防事業に焦点を絞り、2007年における調査との経年比較を行う。介護予防事業における各自治体の工夫について、さらに機能訓練事業を継続する自治体があることからその理由を調査する。

コラム 17・2種類の社会調査
　社会調査は質的調査と量的調査の2種類に分けられる。質的調査の長所は問題点を深く知ることができること、短所は特殊な事例の場合に一般化できないことがある。量的調査の長所は統計処理により一般化される問題がとらえやすいこと、短所は平均化すると問題が不明瞭になることがあげられる。そのため、質的調査と量的調査を組み合わせることにより、適切に社会的課題を捉えることができる。手法として質的調査はヒアリングや参与観察（観察したい場に入り経過をとらえる実地調査）、量的調査はアンケートや国勢調査である。国勢調査は、日本で最も大規模な量的調査であり5年ごとに行われている。行政サービスや政策のもとになる資料として重要なものである。

2.　対象地域の特徴

　本研究では広島県を対象として方策を分析する。広島県を対象とする理由は、本県が日本の代表的な気候風土、年齢別の人口構成を持つからである。広島県は、一県の中に中山間地域、離島があり、政令市を含み、日本の縮図的な地域である。気候では中山間地域の積雪量は多く、沿岸部では温暖、平野と盆地があり、日本のすべての特徴を凝集している。図6-2は広島県、表6-1は調査時の広島県内市町の人口、高齢者数、高齢化率を示したものである。

　高齢化率は中山間地域と島嶼部で高い傾向にある。次に述べる市町統計は2010年10月の国勢調査資料による。広島県の年齢別人口比率は、0～14歳13.5％（全国13.1％）、15～64歳62.5％（同63.8％）、65歳以上24.0％（同23.0％）であり全国と類似する（2010年）。および産業構造別人口の構成比でも、広島県は第1次産業3.3％（全国4.0％）、第2次産業25.3％（同23.7％）、第3次産業66.6％（同66.5％）と全国の構成比に類似する（2010年）。ゆえに、

96 第2部 分析編

広島県の特徴的な地域の事例を分析することは全国にも汎用性が高いものと考える。また広島県における各地域の事例を分析することが、同様の地域や、将来高齢化の進行が見込まれる大都市部等の社会保障対策に役立つと考える。

また、平成の大合併により広島県の市町村数は大きく変化しており、1999年の86から2006年は23になった。このように市町村合併による基礎自治体の再編が終了したのが2007年の調査の1年前のことである。

図6-2　対象地域（広島県と県内市町の位置）
出所：国土地理院白地図をもとに筆者作成

第6章　事業移行に伴う課題―機能訓練事業と介護予防事業の実態把握―　*97*

> **コラム 18・モデル地区**
> 　全国で調査をすると対象集団が大きくなるため統計処理は大変になる。かつ
> 課題を深く捉える事が困難になる。そのため調査対象としてモデル地区を選ぶ。
> 全国と似た産業構造と人口比を持つのは広島県のほか愛知県があるが、県内の
> 気候の差や地理的条件の差から広島県の方が日本の縮図として適していると考
> えられる。

表 6-1　広島県内市町の人口と高齢者数・高齢化率

市町名	2007 年度			2010 年度		
	総人口	高齢者数	高齢化率	総人口	高齢者数	高齢化率
広島市	1,144,572	202,936	17.7	1,161,647	229,936	19.8
呉市	250,345	67,145	26.8	242,233	70,918	29.3
竹原市	30,712	8,971	29.2	29,148	9,359	32.1
三原市	103,741	27,178	26.2	100,444	28,207	28.1
尾道市	151,821	42,883	28.2	147,149	44,452	30.2
福山市	463,438	95,814	20.7	465,535	105,789	22.7
府中市	45,711	12,771	27.9	43,657	13,288	30.4
三次市	59,828	17,816	29.8	57,352	17,621	30.7
庄原市	42,863	15,622	36.4	40,286	15,045	37.3
大竹市	29,924	7,702	25.7	28,696	8,227	28.7
東広島市	176,858	31,484	17.8	178,653	35,048	19.6
廿日市市	117,863	23,898	20.3	117,607	26,683	22.7
安芸高田市	33,251	10,689	32.1	31,584	10,623	33.6
江田島市	29,075	9,826	33.8	26,755	9,818	36.7
府中町	51,207	8,927	17.4	50,516	10,031	19.9
海田町	28,113	4,835	17.2	28,036	5,560	19.8
熊野町	25,822	5,784	22.4	25,120	6,758	26.9
坂町	12,963	3,232	24.9	13,428	3,447	25.7
安芸太田町	8,276	3,464	41.9	7,545	3,296	43.7
北広島町	20,864	6,874	32.9	20,001	6,798	34.0
大崎上島町	9,159	3,787	41.3	8,474	3,699	43.7
世羅町	19,204	6,670	34.7	18,010	6,356	35.3
神石高原町	11,813	4,979	42.1	10,852	4,608	42.5

出所：広島県ホームページをもとに筆者作成

98 第2部 分 析 編

3. 調 査 方 法

　広島県下の23の自治体における事業担当者を対象とし、2007年度と2010年度の事業内容についてそれぞれの翌年に、郵送法（送付・回収とも）によるアンケート調査を実施した。なお広島市に関しては、市と各区に調査票を送った。本研究においては、対象者に書面にて目的を説明し、同意を得て回答が返送された。回収した回答について不明な点は、電話により確認し補った。

　また調査内容の設計にあたっては、澤ほか（1999）により行われた「老人保健法にもとづく機能訓練事業全国実態調査報告」を参考とした。なお、介護予防事業に関しては、虚弱高齢者を対象とした特定高齢者施策（その後、名称は二次予防事業施策に変更）通所型運動機能の向上プログラムに関して特に回答してもらった。調査内容は、介護予防事業の対象者を把握する方法、利用者数、対象者の属性（年齢および有する疾患）、実施時間、利用料金、広報方法、実施場所、プログラム内容、担当職種、委託予算額、委託先、委託方法、これらに加えて、2007年度機能訓練事業に関しては2008年4月以降も継続する意向があるかどうか、2010年度については中止の場合にどのような代わる取組みがあるか、その他に健康関連の自主グループ数、健康維持に関するボランティア養成講座開催件数、健康維持に関する取組みを訊ねた。2007年度は22の自治体から回収（回収率96%）、2010年度は23の自治体から回収（回収率100%）した。

4. 調査結果と考察

（1）2007年度調査
　2007年度の調査では、介護予防事業はすべての自治体で実施されていた。機能訓練事業は2007年度、8カ所の自治体（呉市、東広島市、竹原市、尾道市、廿日市市、熊野町、坂町、大崎上島町）において行われていた。アンケート調査回答者の属性は介護予防事業では、保健師15名、事務職9名、理学療

第 6 章　事業移行に伴う課題 ― 機能訓練事業と介護予防事業の実態把握 ―　*99*

法士1名、社会福祉士1名であった。機能訓練事業の回答者は保健師17名、事務職2名、理学療法士2名、作業療法士1名であった。以下の結果は、各項目に回答のあった自治体のみを示している。

① 対象者の把握方法、参加者割合

介護予防事業の対象者の把握は複数回答により、集団健康診査24カ所、医療機関からの紹介14カ所、保健師の訪問が6カ所、民生委員の訪問6カ所、本人の申し込み5カ所の自治体で行われていた。機能訓練事業は本人の申し込み7カ所、医療機関からの紹介3カ所の自治体となっていた。(図6-3)

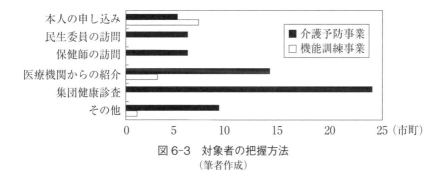

図6-3　対象者の把握方法
(筆者作成)

参加者割合について回答のあった自治体のうち、2007年度介護予防事業（当時特定高齢者施策）の全高齢者に対する参加者割合は最も多い自治体は江田島市であり当該市町に住む全高齢者の1.77％、次いで多いのは北広島町、庄原市となっている。最も参加者割合が少ない自治体は呉市であり0.05％であった（図6-4）。都市部より周辺地域での参加者割合が高い。参加延べ人数でみると庄原市が最も多い（表6-2）。

② 対象者の疾患

対象者の疾患について、2007年度、介護予防事業では実施している10市町から回答があり、65歳以上が580人で、疾患別では上位から、その他38％、変形性膝関節症29％、高血圧16％、腰痛7％の順であった。(図6-5)この対象者の属性を、機能訓練事業を行っている自治体と行っていない自治

100 第2部 分析編

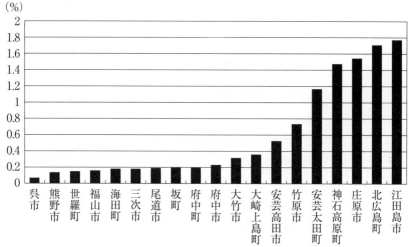

注:人数について回答のあった市町のみ記載

図6-4　高齢者中に占める介護予防事業の参加者割合
(筆者作成)

表6-2　2007年度介護予防事業参加延べ人数

市町名	述べ参加人数（人）
福山市	676
府中市	672
庄原市	2,400
安芸高田市	532
江田島市	1,740
府中町	170
海田町	432
熊野町	28
坂町	60
安芸太田町	239
大崎上島町	59
世羅町	84
神石高原町	654

注:人数について回答のあった市町のみ記載

(筆者作成)

第6章 事業移行に伴う課題 ― 機能訓練事業と介護予防事業の実態把握 ― 101

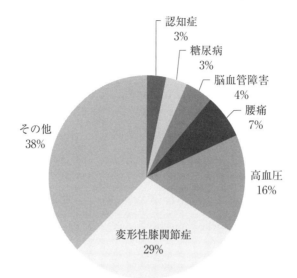

図6-5 2007年度介護予防事業利用者の疾患別の構成割合
(筆者作成)

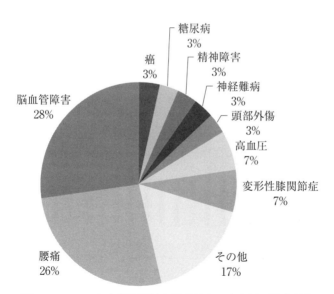

図6-6 2007年度機能訓練事業利用者の疾患別の構成割合
(筆者作成)

体で比較してみる。機能訓練事業を行っていない市町の介護予防事業の対象者の疾患は上位から、変形性膝関節症、高血圧、その他、腰痛である。機能訓練事業を行っている市町の介護予防事業の対象者の疾患は上位から、その他、骨折、心疾患、視力障害、ポリオである。このことから機能訓練事業を行っている自治体では介護予防事業と別の対象者をカバーしていることがうかがえる。

　2007年度、機能訓練事業の対象者について、機能訓練事業では実施7市町から回答があり、集計したところ40歳以上65歳未満が52人、65歳以上が40人であり、主たる疾患の内訳は、上位から脳血管障害28%、腰痛26%、その他17%、変形性膝関節症7%、高血圧7%の順であった（図6-6）。これらの構成を詳しく見ると、65歳未満40歳以上の腰痛が25%、次いで65歳未満40歳以上の脳血管障害が14%、65歳以上の脳血管障害が13%である。

③　実施時間、利用料金、広報方法

　介護予防事業、機能訓練事業の実施時間、利用料、広報について、図6-7、図6-8、図6-9に示す。2007年の介護予防事業と機能訓練事業の1回の実施時間は実施市町でほぼ同じ長さであり1.5時間から5時間に分布し平均

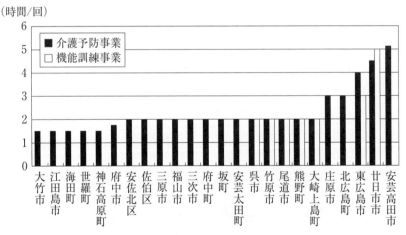

図6-7　2007年介護予防事業と機能訓練事業の一回の実施時間
（筆者作成）

第6章 事業移行に伴う課題 ― 機能訓練事業と介護予防事業の実態把握 ― 　103

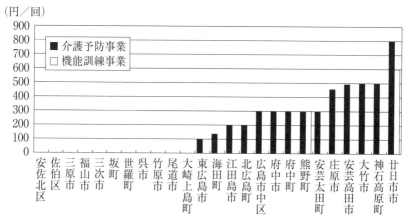

図6-8　2007年介護予防事業と機能訓練事業の一回の利用料金
(筆者作成)

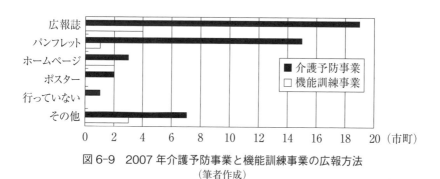

図6-9　2007年介護予防事業と機能訓練事業の広報方法
(筆者作成)

2.3時間である。安芸高田市の実施時間が最も長く、次いで廿日市市、東広島市の順で長時間となっている。北広島町と庄原市は実施時間が長く参加者割合が高い。機能訓練事業の実施時間は同一自治体でほぼ同時間であり、最も長い廿日市市では5時間、次いで東広島市が3時間、ほかの実施自治体は2時間となっている。2007年1回の利用料は介護予防事業と機能訓練事業でほぼ同額であり、無料から800円に分布している。最も高額は廿日市市であり、次いで神石高原町、大竹市となっている。最も安いのは無料で10カ所の自治体となっている。

2007年、広報（複数回答）は介護予防事業、機能訓練事業ともに広報誌と答えた市町が最も多い。次いで、介護予防事業ではパンフレット、機能訓練事業ではホームページがあり、その他には三次市ではケーブルテレビ、大竹市では漁村センターで行われた住民の集会での説明などがある。また、府中市、安芸高田、世羅町では老人クラブでの説明会、竹原市、北広島町では個別訪問活動を行っていた。このように都市部以外ではアウトリーチにより広報誌以外の広報活動を行っていた。

④ 実施場所、内容、関与する職種

介護予防事業、機能訓練事業の実施場所、内容、関与する職種を、図6-10、図6-11、図6-12に示す。2007年、実施場所（複数回答）は機能訓練事業では保健センターと答えた市町が多く、介護予防事業では、保健センターの他、上位から、老人福祉施設、介護老人保健施設、公民館と答えた市町が多く、その他に介護予防事業の実施場所として広島市中区はスポーツセンター、安芸高田市はデイケアセンター、広島市佐伯区はデイサービスセンター、大竹市は漁村センター、総合老人福祉センター、熊野町は地域健康センター、尾道市は介護予防センター、府中町は社会福祉協議会、神石高原町

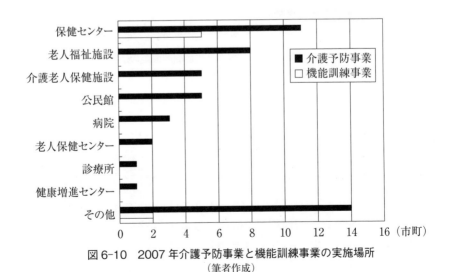

図6-10　2007年介護予防事業と機能訓練事業の実施場所
（筆者作成）

第6章 事業移行に伴う課題―機能訓練事業と介護予防事業の実態把握― 105

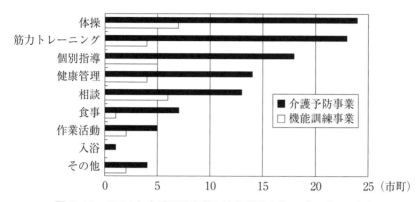

図 6-11 2007 年介護予防事業と機能訓練事業のプログラム内容
(筆者作成)

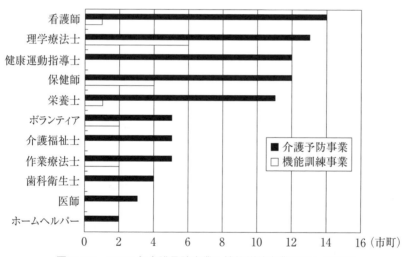

図 6-12 2007 年介護予防事業と機能訓練事業に関わる職種
(筆者作成)

は体育館をあげていた。

　2007 年、機能訓練事業と介護予防事業のプログラム内容（複数回答）はほぼ同じであり、上位は体操、筋力トレーニング、個別指導である。その他には、尾道市が認知症予防のレクリエーション、安芸太田市は家庭での課

題、安芸高田市は管理栄養士と歯科衛生士による指導、熊野町は口腔のプログラムをあげていた。

2007年、関わる職種（複数回答）は機能訓練事業では上位から、理学療法士、保健師、作業療法士、介護予防事業では、看護師、理学療法士、健康運動指導士、保健師の順である。その他では庄原市、東広島市、熊野町、北広島町において歯科衛生士をあげていた。これらの結果から介護予防事業は、機能訓練事業と比較して多様な場、多様な主体により実施されていることがわかる。

⑤　介護予防事業の委託状況

介護予防事業の委託の状況を図6-13、表6-3に示す。介護予防事業を委託していると答えた自治体は2007年度92.9％、委託方法（複数回答）は随意契約が最も多い。委託していない自治体は広島市安佐北区と熊野町であった。2007年度の委託先（複数回答）は社会福祉法人と答えた市町が最も多く、次いで社会福祉協議会、医療法人、会社などである。その他には、庄原市はNPO法人、廿日市市は老人クラブ、府中町はシルバー人材センター、広島市佐伯区では生活協同組合（生協）を委託先としてあげていた。最も多くの委託先を確保していたのは府中市であり社会福祉法人、医療法人、会

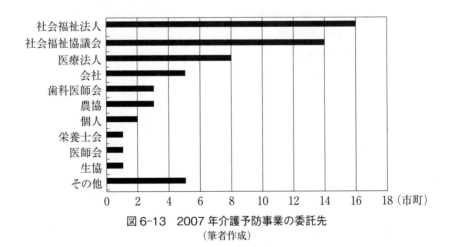

図6-13　2007年介護予防事業の委託先
（筆者作成）

第6章 事業移行に伴う課題—機能訓練事業と介護予防事業の実態把握— *107*

表 6-3　2007 年度介護予防事業の委託先（回答のあった自治体のみ記載）

市町名	委託先種類数	委託先											その他の内訳
		医療法人	社会福祉法人	会社	農協	社会福祉協議会	生活協同組合	医師会	歯科医師会	栄養士会	個人	その他	
中区	3	○	○						○				
安佐南区	1		○										
佐伯区	4	○	○	○			○						
呉市	3		○			○						○	介護予防事業者
竹原市	3	○	○										
三原市	1											○	包括支援センター
尾道市	3	○	○			○							
福山市	4	○	○	○					○				
府中市	7	○	○	○	○	○		○	○				
三次市	2		○			○							
庄原市	4		○			○						○	NPO 法人
大竹市	2		○			○							
東広島市	1					○							
廿日市市	3		○							○		○	老人クラブ
安芸高田市	4	○	○		○	○							
江田島市	3		○			○					○		
府中町	2					○						○	シルバー人材センター
海田町	1					○							
坂町	2		○									○	有限会社
安芸太田市	3	○									○	○	記載漏れ
北広島町	3		○		○	○							
大崎上島町	1					○							
世羅町	1					○							
神石高原町	1					○							

（筆者作成）

社、農協、社会福祉協議会、医師会、歯科医師会である。委託先が少ないのは大崎上島町、世羅町、神石高原町、東広島市、海田町であり、これらの委託先は社会福祉協議会のみである。そのほか委託先が少ない安佐南区は社会福祉法人のみ、三原市は地域包括支援センターのみであった。委託先種類数の平均は2.48種類であった。2007年調査において委託について事業担当者の意見では、委託すべき1カ所、委託すべきでない3カ所、できれば委託すべきでないという回答が8カ所の自治体から上がった。

2007年度、事業予算平均は2,771万円／市町、委託予算平均は1,294万円／市町、事業予算に対する委託予算の割合は平均67.7％である。高齢者一人当たりの平均事業予算額は、事業予算額を当該市町に居住する高齢者数で除して求めたところ、2007年度は1,333円／年である。

⑥ 機能訓練事業の存続に対して

2007年度、機能訓練事業を必要なしと答えた自治体は10カ所、存続すべきと答えた自治体は5カ所であった。存続すべき理由として最も多い意見は「介護保険外の人に必要」であった（図6-14）。その他の自由記述を表6-4に示す。自治体担当者によって意見は相違するものの主として、必要無しとした意見の根拠は介護保険が開始されて介護保険のサービス、自主グループの活動、地域サロンに対象者が吸収されていったとされている。介護保険対

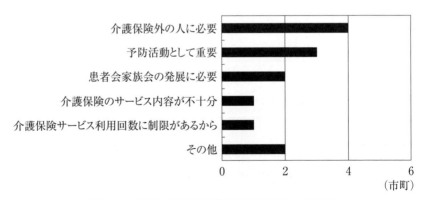

図6-14 2007年度機能訓練事業を継続すべき理由
（筆者作成）

第6章　事業移行に伴う課題 — 機能訓練事業と介護予防事業の実態把握 —　*109*

表6-4　機能訓練事業に対する自治体担当者の意見

存続への意見	市町の機能訓練事業、介護予防事業担当者の自由記述
存続は必要ない	・現在65歳未満を対象とした機能訓練事業と65歳以上を対象とした介護予防事業を一体化して実施。施策の区分上、介護保険対象者以外すべての人を対象としているため事業の実施目的が絞り切れていない。対象者を含め事業の方向性を見直す必要あり。 ・介護保険の導入により介護保険認定者以外の人が対象となったため利用者が減少した。今後は健康増進の観点から運動事業等の予防活動に取り組むことが重要。 ・平成18年度の介護保険改正に伴い高齢者に関する介護予防事業は介護保険法に基づき実施される地域支援事業の中で実施されることになった。平成18年度以降は機能訓練事業を実施していない。 ・10年前（2007年調査時）までは機能訓練事業混合型を実施していたが通所介護、通所リハのサービスが地域にできた時点で中止した。介護保険制度が導入される以前の機能訓練事業利用者はほとんど通所サービスに移行した。介護保険に該当せず虚弱で生活不活発病の恐れのある方には、身近で継続性のある地域のサロンや地域の行事へ取り組んでもらうことを考えている。
存続は必要	・介護保険外の人にはあったらいいが、体制が整っていない。実施は難しい。 ・機能訓練事業は介護予防事業と切り離している。介護予防の多くは一般の高齢者でHT（高血圧）、PH（肺性高血圧症）等の疾患はあっても障害はない。障害があれば要介護認定が出るので介護保険サービスを優先する。障害を持っている場合、一般の高齢者とのペースが合わず難しい。介護認定のある人を機能訓練事業の対象にしていないので、実際には自立支援法の対象者が主な対象。一年で卒業というシステムで40歳以下も利用可能。65歳以上や介護認定のある方に1年間利用してもらう場合もある。自立支援法で対応可能なリハビリ通所施設もある。（何の事業も）対象とならない方はほんの少し。利用者が少ないのもそのため。
どちらともいえない	・機能訓練事業を行政がすべて実施するのではなく、自主活動へ移行。より自主的な活動が可能となる。サービスが必要な方は、介護保険制度を利用することで、個々に適したサービスを身近で受けることができる。 ・（機能訓練事業は）介護予防事業に統一している。 ・今の制度での実施は対象者が不明。介護保険サービスが不十分なところは補えるような対応ができる対象にしていただきたい。

（筆者作成）

象外の人に必要であるが、継続困難な理由として、対象者が少ない、体制が整わない、法改正に伴いサービスの根拠と対象者が不明になったことがあげられた。

（2）2010年度調査

次に2007年度の調査をふまえて2010年度に調査を行った。介護予防事業は2010年度には全自治体で実施されていた。回答者の内訳は保健師が15名と最も多く次いで事務職、その他に作業療法士、社会福祉主事である。機能訓練事業の回答者は保健師が17人と最も多く、次いで理学療法士、事務職、作業療法士であった。機能訓練事業は6カ所の自治体（竹原市、尾道市、廿日市市、熊野町、坂町、大崎上島町）において実施していた。

① 対象者の把握方法

2010年度集団健診は64％、基本チェックリストの郵送回収23％、本人の申し込みが23％である。実数では健診15カ所、基本チェックリストの郵送回収、本人の申し込み、個別健康診査がいずれも5カ所の自治体で行われていた。なお、この年から対象者の把握方法に変化があり、できる限り65歳以上の高齢者全員を調査すること、そのためには基本チェックリストを郵送し回収することが奨励された。医療機関での診断や体力テストは必ずしも必須ではなくなった。そのため、どの自治体も対象者は微増している。

② 参加者割合、実施回数

当該自治体に住む高齢者に対する、現二次予防事業施策参加者の割合は表6-5に示すとおり、2010年度に最も多い自治体は東広島市で2.27％、少ない自治体は三次市で0.12％である。平均では2007年度より増加しているが、自治体により減少しているところもある。2010年度は実施回数を把握できた。最も多いのは広島市の15,698回、最も少ないのは大崎上島町の6回である。

③ 対象者の疾患

2010年度は介護予防事業では実施している6自治体から回答があり、65歳以上が183人であり、疾患は上位から高血圧27％、その他27％、腰痛

第6章　事業移行に伴う課題 ― 機能訓練事業と介護予防事業の実態把握 ―　*111*

表6-5　2010年介護予防事業の参加者割合と実施回数

市町名	高齢者に占める割合（％）	実施回数（年間のべ回数）
広島市	＊0.50	15,698
呉市	0.13	528
竹原市	＊1.00	128
三原市	0.33	1,020
尾道市	0.49	453
福山市	＊0.50	12
府中市	0.25	120
三次市	0.12	44
庄原市	＊2.10	＊138
大竹市	0.15	40
東広島市	2.27	16
廿日市市	＊0.80	293
安芸高田市	0.54	24
江田島市	＊0.40	248
府中町	＊0.60	144
海田町	0.31	48
熊野町	0.28	32
坂町	0.06	12
安芸太田町	0.30	8
北広島町	＊8.70	15
大崎上島町	0.14	6
世羅町	0.50	60
神石高原町	0.22	186

注：＊印付記の箇所については筆者調査で回答が得られなかったため広島県健康福祉局介
　　護保険課平成22年度介護予防事業の実施状況に関する調査結果から抜粋。

（筆者作成）

13％、変形性膝関節症10％、心疾患6％の順であった（図6-15）。順位は
変化したものの2007年の上位3つの疾患も変形性膝関節症29％、高血圧
16％、腰痛7％であった。

　2010年、機能訓練事業は実施している6自治体から回答があり、利用者

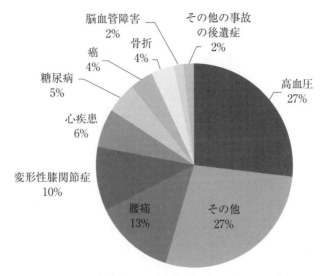

図6-15　2010年度介護予防事業利用者の疾患別の構成割合
(筆者作成)

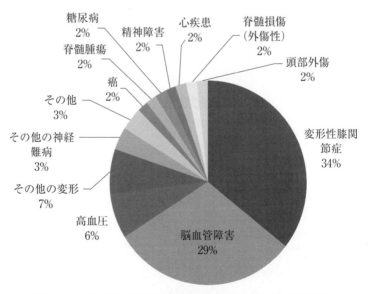

図6-16　2010年度機能訓練事業利用者の疾患別の構成割合
(筆者作成)

第 6 章 事業移行に伴う課題 — 機能訓練事業と介護予防事業の実態把握 — *113*

は 57 人、その内訳は 40 歳未満が 1 人、40 歳以上 65 歳未満が 43 人、65 歳以上が 13 人であり、疾患は上位から変形性膝関節症 34%、脳血管障害 29%、高血圧 6%の順であった（図 6-16）。

2007 年の対象者は上位から脳血管障害 28%、腰痛 26%、変形性膝関節症 7%となっており、2010 年の対象者は変形性膝関節症の増加が著しい。また、2010 年における機能訓練事業の対象者は介護予防事業と比較して多様であり、対象者の疾患が異なっていることから、機能訓練事業を実施する自治体では、介護予防事業ではカバーできない人々を機能訓練事業が補っているものと考えられる。

④ 実施時間、利用料金、広報方法

表 6-6 に実施時間、利用料金について整理する。実施時間は、介護予防については 2010 年度、1.5 時間から 6 時間に分布し平均 2.0 時間である。最も長い実施時間は三次市であった。介護予防事業の利用料は 2010 年度、無料から 1,130 円に分布し平均 205 円である。10 カ所の自治体が無料でサービスを提供しているが、江田島市が 1,130 円と突出して割高であった。増減では、廿日市市が 800 円から無料となった変化が最も大きい。

表 6-6　介護予防事業の実施時間・利用料金の平均値

	2007 年度	2010 年度
平均実施時間	2.3 時間	2.0 時間
平均利用料金	198 円	205 円

(筆者作成)

広報方法（複数回答）は 2007 年度、2010 年度ともに広報誌と答えた自治体が最も多い。次いで、パンフレット、ホームページの順である。このほか呉市では民生委員の定例会、三原市は介護サービス冊子の利用、庄原市はホームページ、熊野町は講演会や健康祭りをあげている。

⑤ 実施場所、内容、関与する職種

実施場所は 2010 年度、保健センター、公民館、老人福祉施設である。広

114 第 2 部 分 析 編

島市でスポーツセンター、呉市で民間施設、スポーツ施設、三次市で生涯学習センター、北広島町で運動施設、庄原市、江田島市で集会所をあげている。プログラム内容（複数回答）は両年ほぼ同じであり、上位は体操、筋力トレーニング、個別指導である。このほか熊野町で水中運動、廿日市市、東広島市で口腔機能向上、尾道市でパワーリハビリと呼ばれるマシントレーニングを行っている。関与する職種は 2010 年度、保健師、看護師、理学療法士、栄養士である。その他 7 カ所の自治体で歯科衛生士、三次市で運動インストラクター、世羅町で運動トレーナー、熊野町で水泳指導者をあげている。平均実施時間は減少しているが利用料は若干増加している。その他は関わる職種の上位に 2007 年度は健康運動指導士があったが、2010 年度は栄養士となっている。

⑥ 介護予防事業の委託状況

　2010 年度の委託先を表 6-7 に整理する。委託先が最も多いのは 2007 年度と同様に府中市であり、医療法人、社会福祉法人、医師会、歯科医師会、栄養士会、民間に委託している。このほか、広島市、呉市、三原市、尾道市、福山市など規模の大きな自治体では委託先が増加している。このうち尾道市、福山市では事業への参加者割合も増加しており委託により事業の活性化が図られたものと考えられる。

　最も多い委託先として 13 市町が社会福祉法人、社会福祉協議会に委託している。次いで多いのは医療法人への委託であり 10 市町で委託している。傾向として規模の大きい自治体では医療法人、会社への委託が多く、小規模な自治体では社会福祉協議会への委託が多い。委託先として減少したのは社会福祉法人、社会福祉協議会、増加したのは医療法人、会社、歯科医師会、医師会、栄養士会である。その他の内訳では、民間、民間事業者、NPO、団体、県医師会健診事業部があった。委託先が少ない自治体は東広島市、海田町、大崎上島町であり、2007 年と同様に社会福祉協議会のみである。全体では委託先種類数は平均 2.91 であり、2007 年度より増加していた。次に、2010 年の事業委託の状況と予算を表 6-8 に示す。介護予防事業を委託していると答えた自治体は 2007 年度 92.9%、2010 年度 100%である。委託方法

第6章　事業移行に伴う課題 — 機能訓練事業と介護予防事業の実態把握 —　*115*

表6-7　2010年度介護予防事業の委託先

市町名	委託先種類数	委託先											その他の内訳
		医療法人	社会福祉法人	会社	農協	社会福祉協議会	生協	医師会	歯科医師会	栄養士会	個人	その他	
広島市	5	○	○	○						○	○		
呉市	4	○	○	○		○							
竹原市	2	○	○										
三原市	4	○	○	○		○							
尾道市	4	○	○	○	○								
福山市	5	○	○		○		○		○				
府中市	6	○	○					○	○	○		○	民間
三次市	5	○	○	○		○							
庄原市	3	○	○	○									
大竹市	3		○	○		○							
東広島市	1					○							
廿日市市	2		○									○	民間事業者
安芸高田市	3	○	○			○							
江田島市	－												
府中町	3			○				○	○				
海田町	1					○							
熊野町	3					○			○			○	NPO
坂町	2			○		○							
安芸太田町	1											○	団体
北広島町	2					○						○	記載漏れ
大崎上島町	1					○							
世羅町	2					○						○	県医師会健診事業部
神石高原町	2		○			○							

注：江田島市からは回答無し

（筆者作成）

116 第 2 部 分 析 編

表 6-8 介護予防事業の委託状況

	2007 年度	2010 年度
委託している自治体の割合	92.9%	100%
委託先（上位から）	社会福祉法人、社会福祉協議会、医療法人、会社	社会福祉法人、社会福祉協議会、医療法人、会社
委託の方法（上位から）	随意契約	随意契約
事業予算に対する委託予算割合	平均 67.7%	平均 75.8%
高齢者一人当たりの事業予算額	平均 1,333 円／年	平均 1,964 円／年

（筆者作成）

は両年度とも随意契約が最も多く 16 カ所、次いで競争入札が 5 カ所の自治体で行われている（複数回答）。事業予算に対する委託予算の割合は、2010年度は平均 75.8％である。委託の状況は 2007 年度から 2010 年度にかけて委託する自治体の割合、委託予算割合はいずれも増加している。

⑦ 介護予防事業の課題と工夫

2010 年度、自治体の事業担当者の回答による介護予防事業の課題と工夫

表 6-9 介護予防事業の課題と工夫

課題	工夫
・参加者が少ない（3） ・修了者のフォローの場がない（3） ・委託先がない（2） ・人材の不足（2） ・事業に対する評価が不十分（2） ・参加者が固定している（2） ・介護予防の意識啓発が不十分（1） ・送迎が無い（1） ・通所型事業が無い（1） ・事業の周知が不十分（1）	・3 種類を分けたら人が集まらないので運動器の機能向上を主として栄養改善、口腔機能の向上をその中で行う。（3） ・一次予防事業について小学校区ごとに地域の健康課題を抽出する地区診断によって健康相談、健康教育等を実施している（1） ・旧町単位で実施している（1） ・小学校区や合併前の町ごとの健康課題に応じた健康相談や健康教育、地域サロンや老人クラブに対する介護予防の講師派遣、活動費用の助成（1）

注：（ ）内の数字は回答市町数を示す

（筆者作成）

についての回答では、課題は複数回答である。表6-9のようなコメントが述べられた。（　）内の単位は回答した自治体数であり複数回答である。サービス提供側の課題として委託先が無い、人材が無い、サービスが無い、広報不足など資源の不足があげられた。工夫として国の示す運動、栄養改善、口腔衛生の3つに分散するプログラムを統合して行うこと、合併前の自治体範囲の活用があげられた。

⑧　機能訓練事業の存続に対して

　2010年度の機能訓練事業の存続については、2007年度と同様に存続に対する意見を記入してもらったが、継続あるいは中止した理由についての意見が多く書かれていた。継続した自治体、移行予定の自治体、中止した自治

表6-10　機能訓練事業に対する自治体担当者の意見

事業	自治体担当者の意見
継続	・介護保険利用者は高年齢層が多い中、60歳代前半から後半の年齢層の方が機能訓練事業参加。また機能訓練事業から介護予防事業への移行をすることなく参加を希望。 ・自立支援法や介護保険法の制度の中で対応できない方もおり、今後も絶対必要な事業と認識している。一次予防や二次予防のように対象者を区別するのではなく機能訓練に一本化してもよいように思う。
移行	・介護保険、二次予防事業等へ移行し対象者の減少によって2011年度末にて終了する予定。
中止	・介護保険サービスが受けられる方は介護保険により実施し非該当者や65歳未満の方は自主グループを紹介することで対応している。 ・介護保険制度のスタートにより機能訓練事業利用者は介護保険制度へ移行。介護保険対象者になる恐れのある方（二次予防事業対象者）は介護予防事業に適用となり従来の機能訓練事業は介護保険地域支援事業に移行した状態。健康分野では普及啓発や自主グループ支援が中心。健康づくりと介護予防は目指すところは同じであるという意識を広く普及していくことが重要。広義の機能訓練である。 ・（中止したものの）制度のはざまの人やすぐに介護保険ルートなどにつなげにくい人に柔軟に対応可能で、まず連れ出し社会性を高めるために非常に良い事業であった。

（筆者作成）

118　第2部　分　析　編

体においての意見や理由を表 6-10 に示す。必要無くなった理由として 2007
年度と同様に、対象者が介護保険のサービス、自主グループの活動へ移行し
たと述べられている。存続すべきとした理由として、介護保険法と障害者自
立支援法（2010 年度当時）の対象とならない人があり必要であること、一
次予防と二次予防を分ける介護予防事業の方法（2010 年度当時）への懐疑
が述べられていた。

　この調査により、機能訓練事業から介護予防事業への移行が進んでいる
ことが確認された。介護予防事業は機能訓練事業と比較すると、現在多くの
自治体で取り組まれ、多様な主体により運営されていることが明らかとなっ
た。しかし、事業が円滑に運営されていない自治体もあった。介護予防事業
はどのような運営により効果を上げているのか。そのサービス内容や予算と
どのような関係があるのか。また、介護予防事業を開始しているにもかかわ
らず、目的とサービス提供の対象が類似する機能訓練事業を継続している自
治体が確認された。機能訓練事業を継続している自治体にはどのような特徴
があり、どのような点が異なっていたのか、介護予防事業の運営とは関連が
あるのか、これらを検討する。

5.　介護予防事業による効果と分析方法

（1）　先行事例

　厚生労働省（2005：pp.18-22））「介護予防事業に係る市町村介護保険事業
計画に関する報告書（案）」においては介護予防に関わる効果の評価指標では、
プロセス指標として①参加者把握の方法は適切か、②住民、参加者の参画の有
無、③サービスを管理するシステム、④指標モニタリングシステムの有無、⑤
関連機関との連携の有無、アウトプット指標の例として、①地域包括支援セン
ターにおける介護予防ケアマネジメント実施件数、②各事業の参加人数、③
各事業の実施回数・件数、④総参加人数、また、アウトカム指標の例として
要介護認定者数をあげている。

　介護予防事業動員の要因の検討については、健康体力づくり事業財団

（2010）における全国の590市町村に対する調査がある。この調査では、①介護予防事業のプログラムの出席率は参加人数が多い（25人以上）プログラムほど低くなる、②サービス内容として、欠席者への電話、送迎、セルフモニタリング、仲間づくり支援、個別カウンセリング、③個別の改善目標や行動目標の設定など参加者の行動変容を促す工夫は出席率を高めるために有効である、④関連のなかった因子としては参加費用、グループワーク、土日や夜間の講座開催としている。

（2）分析方法

　介護予防事業のアウトカムは要介護者の増加を抑えること、およびそれに要する費用を抑制することにある。しかし高齢者の健康維持や要介護認定率には就業率や同居率など多くの因子が関係している（平岩2009、2012b）。厚生労働省（2012）によれば、65歳以上の就業率が高い地域の方が、要支援認定率が低い傾向にある。また、65歳以上単身世帯率が高い地域の方が要支援認定率は高い傾向にある。さらに加齢に伴い介護ニーズが高まることから、高齢者のうち年齢が高いものの割合が大きい地域の方が、要介護認定率は高まる。そのため、本章においては、要介護認定率の代理指標として、介護予防事業のアウトプットである各自治体の高齢者中に占める介護予防事業の参加者割合の指標を用いることにする。その参加者割合を増大させるための要因として介護予防サービスの水準、事業予算と委託状況、その他に影響を与える要因として介護予防事業以外の健康関連の取り組みがあると考える。以下、介護サービスの水準を表す指標として利用料金、事業の実施時間、実施回数を用い、これらの指標と事業への参加割合との関係を分析する。次に事業予算と委託状況の各指標と事業への参加割合の関係、さらに2007年度から2010年度に介護予防事業の参加者割合が増加した自治体と減少した自治体の2つのグループのサービス水準と事業予算、委託の状況の差を検討する。その他の健康関連の取り組みと事業への参加割合の関係を明らかにする。また、事業移行に関わる課題を明らかにするために機能訓練事業を継続している自治体の特徴を探る。具体的には機能訓練事業の継続の有無によって自治体を2つのグループに分け、介

120 第2部 分 析 編

護予防事業に関わる諸指標からみたグループ間の差異を検証する。なお、統計
解析は Microsoft Excel 2013 によって行い、ピアソンの相関係数と、Mann-
Whitney の U 検定を用い有意水準を 5% とした。

6. 介護予防事業のサービス水準と参加者割合

　まず、2007 年度の介護予防事業の①利用料金、②実施時間、③高齢者中に
占める参加者割合（以下参加者割合）の実績をそれぞれ表 6-11 に示す。次に、
2010 年度の介護予防事業の①利用料金、②実施時間、③実施回数および④参
加者割合をそれぞれ表 6-12 に示す。さらに、2007 年度から 2010 年度の①利
用料金、②実施時間および③実施回数、③参加者割合の実績の各指標値の変化
を表 6-13 に示す。

（1）　各指標と参加者割合との関係
　①　利用料金について
　　2010 年度の利用料金が 300 円以下の自治体とその他の自治体を比較した
ところ、300 円以下の自治体の参加者割合の平均値が高かった。また、2007
年度から 2010 年度にかけて利用料金を増加させた三次市、安芸高田市、江
田島市、安芸太田町のうち、安芸高田市以外は利用者割合が低下した。また、
利用料金を減少させた庄原市、廿日市市はいずれも利用者割合が増加してい
る。このことから、利用料金を安価に抑えることは参加者の増加に影響を与
えていると考えられる。
　②　実施時間について
　　2010 年度の実施時間が 1.5 時間以下の自治体とそれ以上の実施時間の自
治体の参加者割合では 1.5 時間以下の自治体の参加者割合が高かった。2007
年度から 2010 年度の変化をみると、福山市、府中市、廿日市市、安芸高田
市、北広島町では時間を短縮しており、いずれも参加者割合が増加してい
る。逆に実施時間を延長した三次市、神石高原町では参加者割合は低下して
いる。このことから時間を長くするより、利用者にとって負担にならない程

第6章　事業移行に伴う課題 ― 機能訓練事業と介護予防事業の実態把握 ― *121*

表6-11　2007年度広島県内の市町介護予防事業の利用料金・実施時間・
　　　　参加者割合

市町名	利用料金(円)	実施時間	高齢者中に占める参加者割合(%)
広島市	0	2.0	－
呉市	0	2.0	0.05
竹原市	0	2.0	0.73
三原市	0	2.0	－
尾道市	0	2.0	0.18
福山市	0	2.0	0.15
府中市	300	1.75	0.22
三次市	0	2.0	0.17
庄原市	450	3.0	1.54
大竹市	500	1.5	0.31
東広島市	100	4.0	－
廿日市市	800	4.5	＊0.60
安芸高田市	486	5.1	0.52
江田島市	200	1.5	1.77
府中町	300	2.0	0.19
海田町	125	1.5	0.17
熊野町	300	2.0	0.12
坂町	0	2.0	0.19
安芸太田町	300	2.0	1.16
北広島町	200	3.0	1.70
大崎上島町	0	2.0	0.34
世羅町	0	1.5	0.14
神石高原町	500	1.5	1.47

注：－は回答無し
　　＊印付記の箇所については2007年度の筆者の調査において回答が無かったため2008
　　年度の廿日市市高齢福祉計画より抜粋。

(筆者作成)

122 第2部 分 析 編

表6-12　2010年度広島県内の市町介護予防事業の利用料金・実施時間・実施回
　　　　数・参加者割合

市町名	利用料金 （円）	実施時間 （時間）	年間延べ 実施回数	高齢者中に 占める参加者 割合（%）
広島市	0	1.5	15,698	＊0.50
呉市	0	2.0	528	0.13
竹原市	0	2.0	128	＊1.00
三原市	0	2.0	1,020	0.33
尾道市	0	2.0	453	0.49
福山市	0	1.5	12	＊0.50
府中市	300	1.5	120	0.25
三次市	0〜300（内容 による）	2〜6	44	0.12
庄原市	420	3.0	＊138	＊2.10
大竹市	500	1.5	40	0.15
東広島市	100	1.5	16	2.27
廿日市市	0	2.0	293	＊0.80
安芸高田市	350（半日）〜 960（1日・送 迎・昼食付）	2.0	24	0.54
江田島市	1,130	1.5	248	＊0.40
府中町	300	2.0	144	＊0.60
海田町	125	1.5	48	0.31
熊野町	300	2.0	32	0.28
坂町	0	2.0	12	0.06
安芸太田町	200	2.0	8	0.30
北広島町	200	1.5	15	＊8.70
大崎上島町	0	2.0	6	0.14
世羅町	0	2.0	60	0.50
神石高原町	500	2.0	186	0.22

注：＊印付記の箇所については筆者調査において回答が得られなかったため広島県健康福
　　祉局介護保険課平成22年度介護予防事業の実施状況に関する調査結果から抜粋

（筆者作成）

第6章　事業移行に伴う課題 ― 機能訓練事業と介護予防事業の実態把握 ―　*123*

表 6-13　2010 年度広島県内の市町介護予防事業の利用料金・実施時間・参加者割合と 2007 年度からの増減

市町名	利用料金		実施時間		高齢者中に占める参加者割合		
	2010 年度 (円)	増減	2010 年度 (時間)	増減	2007 年度 (％)	2010 年度 (％)	増減
広島市	0	－	1.5	↘	－	0.50	
呉市	0	－	2.0	－	0.05	0.13	↗
竹原市	0	－	2.0	－	0.73	1.00	↗
三原市	0	－	2.0	－	－	0.33	
尾道市	0	－	2.0	－	0.18	0.49	↗
福山市	0	－	1.5	↘	0.15	0.50	↗
府中市	300	－	1.5	↘	0.22	0.25	↗
三次市	0 ～ 300	↗	2 ～ 6	↗	0.17	0.12	↘
庄原市	420	↘	3.0	－	1.54	2.10	↗
大竹市	500	－	1.5	－	0.31	0.15	↘
東広島市	100	－	1.5	↘	－	2.27	
廿日市市	0	↘	2.0	↘	0.60	0.80	↗
安芸高田市	350 ～ 960	↗	2.0	↘	0.52	0.54	↗
江田島市	1,130	↗	1.5	－	1.77	0.40	↘
府中町	300	－	2.0	－	0.19	0.60	↗
海田町	125	－	1.5	－	0.17	0.31	↗
熊野町	300	－	2.0	－	0.12	0.28	↗
坂町	0	－	2.0	－	0.19	0.06	↘
安芸太田町	200	↗	2.0	－	1.16	0.30	↘
北広島町	200	－	1.5	↘	1.70	8.70	↗
大崎上島町	0	－	2.0	－	0.34	0.14	↘
世羅町	0	－	2.0	↗	0.14	0.50	↗
神石高原町	500	－	2.0	↗	1.47	0.22	↘

注：記号－は増減無し、記号↗は増加、記号↘は減少を示す

（筆者作成）

124 第2部 分 析 編

度の適度な時間設定であるかが参加に影響を与えていると考えられる。

③ 述べ実施回数について

述べ実施回数に関しては、参加者割合との関連は見られなかった。

（2）各指標間の相関関係

① 2007年度

表6-14に2007年度の利用料金、実施時間、介護予防事業の参加者割合の平均値と標準偏差を示す。2007年度の利用料、実施時間、参加者割合、各値間について相関関係をみたところ利用料と実施時間に有意な相関が見られた（n＝17、自由度n－1＝16、r＝0.56）。

② 2010年度

次に、表6-15に2010年度の介護予防事業の利用料金、実施時間、年間延べ実施回数、参加者割合の平均値と標準偏差を示す。2010年度の利用料金、実施時間、実施回数、参加者割合、各値間の相関関係をみたところいずれについても有意な相関はみられなかった。

表6-14　2007年度の利用料金・実施時間・参加者割合の平均値・標準偏差

各値	利用料金（円）	実施時間（時間）	高齢者中に占める参加者割合（%）
平均値（標準偏差）n＝17	198.30（227.62）	2.30（0.98）	0.59（0.59）

（筆者作成）　＊p＜0.05

表6-15　2010年度の利用料金・実施時間・実施回数・参加者割合の平均値・標準偏差

各値	利用料金（円）	実施時間（時間）	年間延べ実施回数	高齢者に占める参加者割合（%）
平均値（標準偏差）n＝23	205.43（267.20）	2.04（0.93）	837.96（3247.84）	0.90（1.79）

（筆者作成）

（3）考　察

　介護予防事業を円滑に進める自治体かどうかを参加者割合で表し、サービス投入の指標としての利用料金、実施時間、実施回数の指標を用いて検証した。その結果、2007年度は利用料金と実施時間に相関はみられたものの参加者割合には反映されていなかった。2010年度も利用料金、実施時間、実施回数との相関はみられなかった。

　事例により詳細を見たところ、利用料金が低く、実施時間が短いところが利用者数を増加させていた。このことから、できるだけ委託料金方式などで無料化すれば、参加者数は増加する可能性がある。他方で時間の延長はサービスの充実につながる可能性があるが、必ずしも対象者を引き寄せないことがわかる。健康維持の活動は、安く短時間で気軽に取り組めることが対象者を呼び込む効果的な事業の手法と考えられる。また、実施回数が利用者割合との相関をみなかった理由として、限られた利用者のみが複数回この事業に参加していたことが理由として考えられる。このことから、実施回数をやみくもに増やすのではなく、幅広く対象者を募るために適切な実施場所の設置が必要と考える。

7．事業予算額と委託状況

（1）各指標と参加者割合との関係

①　高齢者一人当たりの事業予算額

　各自治体の事業予算と委託の状況を表す委託予算と委託予算割合を表6-16に示す。高齢者一人当たりの平均事業予算額については、事業予算額を当該市町に居住する高齢者数で除して求めたところ、2007年度は1,333円／年、2010年度は1,964円／年となった。このうち最も一人当たりの予算額が多いのは庄原市で一人の高齢者に年間3,787円の予算を付けている。最も安いのは神石高原町の321円、次いで大竹市の399円である。2007年度から2010年度にかけて一人当たりの事業予算を増加させたにもかかわらず参加者割合が低下したのは坂町、安芸太田町、北広島町、大崎上島町、事業予算を減少したにもかかわらず参加者割合が増加したのは呉市、竹原市、尾道

126 第2部 分 析 編

表6-16　2010年度介護予防事業の予算額と2007年度からの増減

市町	事業予算 （千円）	委託予算 （千円）	委託予算割合 （％）	高齢者一人当たりの 事業予算額（円）
広島市	331,537 －	306,527 －	92.5 －	1,449 －
呉市	30,689 ↘	30,393 ↘	99.0 ↗	433 ↘
竹原市	3,840 ↘	960 ↘	25.0 ↘	410 ↘
三原市	－	－	－	－
尾道市	34,896 ↘	30,432 ↘	87.2 ↗	785 ↘
福山市	274,461 ↗	184,450 ↗	67.2 ↗	2,594 ↗
府中市	31,667 －	30,425 －	96.1 －	2,383 －
三次市	52,481 －	42,538 －	80.0 －	2,978 －
庄原市	56,982 ↗	36,692 ↗	64.0 ↗	3,787 ↗
大竹市	3,285 ↘	3,285 ↘	100 ↗	399 ↘
東広島市	－	16,802 ↗	－	－
廿日市市	44,584 ↗	38,099 ↗	85.5 ↗	1,671 ↘
安芸高田市	18,740 ↘	17,008 ↘	90.8 ↗	1,868 ↘
江田島市	－	－	－	－
府中町	30,999 －	26,891 －	87.0 －	3,090 －
海田町	－	－	－	－
熊野町	19,168 ↗	6,606 ↗	34.5 ↗	2,836 ↗
坂町	4,978 ↗	4,978 ↗	100 変化無し	1,444 ↗
安芸太田町	8,796 ↗	1,500 ↘	17.1 ↘	2,669 ↗
北広島町	18,837 ↗	15,202 ↗	80.7 ↗	2,771 ↗
大崎上島町	11,242 ↗	8,869 ↗	78.9 ↘	3,039 ↗
世羅町	15,139 ↗	14,614 ↗	96.5 ↗	2,382 ↗
神石高原町	1,480 ↘	865 ↘	58.4 ↘	321 ↘

注：－は記載無し、数字右横付記の－は2007年度記載無し、記号↗は増加、記号↘は減
　　少を示す

（筆者作成）

市、廿日市市、安芸高田町である。

② 事業予算額と委託予算額

　個々の自治体の増減を見ると、事業予算と委託の状況からいくつかのパターンが見られる。事業予算、委託予算、委託予算割合、高齢者一人当たりの事業予算がすべて増加した自治体が、福山市、庄原市、熊野町、北広島町、世羅町であり、これらは2007年度と比較して2010年度は事業を拡充したことが窺える。逆にすべて減少した自治体が竹原市、神石高原町であり、これらは事業を縮小したことが窺える。事業予算、委託予算、委託予算割合が増加、一人当たりの事業予算の低下は廿日市市のみである。委託予算割合が増加し、その他が減少したのは呉市、尾道市、大竹市、安芸高田市であり、委託により効率化を図ったものと推測する。委託予算割合が減少し、その他が増加したのが大崎上島町、そして委託予算、委託予算割合が減少し事業予算、一人当たりの事業予算が増加したのが安芸太田町であり、これらは委託による効率化が困難な地域であると考える。このように、事業予算が確保できても委託先が確保できない地域もある。また、庄原市では高齢者一人当たりの予算額が高く、介護予防事業の開催件数や延べ参加人数が高いことから、高齢者の健康維持が自治体における優先課題とされているものと考える。

　このうち最も委託予算割合が高いのは大竹市と坂町であり予算額の100%が委託費である。最も少ないのは竹原市で25.0%であり、次いで熊野町の34.5%である。なお、この2つの自治体では、介護予防事業とは別の事業である総合型地域スポーツクラブによる健康維持事業が盛んである。この事業は文部科学省の管轄であり、市町村の教育委員会生涯学習課が主体となって実施されている。特に熊野町の総合型地域スポーツクラブは1995年度に文部科学省により総合型地域スポーツクラブ育成モデル事業の1期として3年間補助金を受けこの事業に力を入れてきた（黒須2008）。

　2007年度と2010年度の委託を含む費用状況を比較すると、委託している自治体の割合と委託予算額、高齢者一人当たりの年間事業予算が増加している。介護予防事業は事業当初から委託可能であったものの、筆者が行った

128 第2部 分 析 編

2007年度のアンケート調査によれば、委託をして事業を運営することに自治体関係者において戸惑いがみられた。2007年度の調査においては「委託すべきでない」というコメントが3カ所、「できれば委託すべきでない」というコメントが8カ所の自治体からあげられていた。篠崎（2006）は老人保健法での65歳以上の保健事業が介護保険事業に切り替わるにあたり、保健活動については保健師の役割があり住民の健康維持について責任を持ちたいといった意識、健康維持に関して、国民に自己負担を求めるような保険ではなく公的責任としての保健で賄うべきとしている。介護保険では、多様な主体による事業の活性化といったことが謳われ、その後、筆者の2010年度の調査では「事業内容が充実するのであれば積極的に委託すべき」という意見を確認している。

（2）各指標間の相関関係

表6-17に2007年度の参加者割合、事業予算、委託予算、委託予算割合、高齢者一人当たりの事業予算の平均値と標準偏差を示す。2007年度の参加者割合、事業予算、委託予算、委託予算割合、高齢者一人当たりの事業予算の各指標値間に関して相関をみたところ、有意な相関は見られなかった。

次に表6-18に2010年度の参加者割合、事業予算、委託予算、委託予算割合、高齢者一人当たりの事業予算の平均値と標準偏差を示す。2007年度と比較すると2010年度の参加者割合、事業予算、委託予算、委託予算割合、高齢者一

表6-17　2007年度の参加者割合・事業予算・委託予算・委託予算割合・高齢者一人当たりの事業予算の平均値と標準偏差

各値	2007年度参加者割合（%）	事業予算（千円）	委託予算（千円）	委託予算割合（%）	高齢者一人当たりの事業予算（円）
平均値（標準偏差）n＝15	0.59（0.59）	27712.63（47147.76）	12938.11（14533.54）	67.74（29.35）	1333.21（847.14）

（筆者作成）

第6章　事業移行に伴う課題 — 機能訓練事業と介護予防事業の実態把握 —　*129*

表6-18　2010年度の参加者割合・事業予算・委託予算・委託予算割合・高齢者
一人当たりの事業予算の平均値と標準偏差

各値	2010年度参加者割合（%）	事業予算（千円）	委託予算（千円）	委託予算割合（%）	高齢者一人当たりの事業予算（円）
平均値（標準偏差）n＝19	0.90（1.79）	52305.32（90349.83）	*41001.95（75964.55）	75.81（25.50）	1963.63（1089.32）

（筆者作成）　＊ $p < 0.05$

人当たりの事業予算の平均値はいずれも増加している。2010年度の参加者割
合、事業予算、委託予算、委託予算割合、高齢者一人当たりの事業予算の各指
標値間に関して相関をみたところ、事業予算と委託予算の間に有意な正の相関
が見られた（n＝19、r＝0.98）。これは委託が一般化してきたことの反映であ
ると考えられる。

（3）考　察

　介護予防事業の参加者割合と事業予算、委託予算、委託予算割合との関連を
みた。その結果、年度別には参加者割合と予算の投入に関する諸指標の間には
有意な相関はみられなかった。個別に自治体の実情を見てみると、事業予算を
増加させても高齢化の進行が早い自治体では、一人当たりの事業予算額は低下
している。事業予算を削減しても参加者が増加した自治体があり、こうした自
治体は委託の割合が高くなっていた。つまり委託により事業の活性化が図られ
たものと考えられる。委託費用が低い自治体は、島嶼部や山間部であり委託先
の確保が困難な地域である。2010年度においては、事業予算額と委託予算額
の指標間に正の相関がみられ、これは委託が一般化していったためと考えられ
る。

130 第2部 分 析 編

8. 介護予防事業参加者割合の増減と各指標との関連性

（1） 参加者の増減によるグループ分け

　次に 2007 年度から 2010 年度にかけて、介護予防事業の参加者割合が増加した自治体と、減少した自治体の各指標との関連を探るため、増加した自治体と減少した自治体の２つのグループに分け、2010 年度の介護予防事業の利用料金、実施時間、高齢者一人当たりの事業予算額、事業予算、委託予算、委託予算割合、委託先種類数の各指標値の差異を検討する。

（2） 介護予防事業参加者割合の増減と各指標の差異

　2007 年度から 2010 年度に、介護予防事業の高齢者中に占める参加者割合が増加した市町と減少した市町を表 6-19 に示す。参加者割合が増加したグループに都市部の自治体が多い傾向がみられる。

　また、参加者割合が増加した自治体について、減少した自治体と比較したところ、利用料金が安価、実施時間が短時間、高齢者一人当たりの事業予算額、事業予算、委託予算、委託予算割合、委託先種類数はいずれも大きい傾向にあった（表 6-20）。差異の解析結果においては事業予算に有意差がみられた。介護予防事業の参加者割合が増加した自治体の 2010 年度の事業予算は、減少した自治体より多かった。

表 6-19　介護予防事業参加者割合の増減と市町名

介護予防事業参加者割合の増減	市町名
増加	呉市、竹原市、尾道市、福山市、府中市、庄原市、廿日市市、安芸高田市、府中町、海田町、熊野町、北広島町、世羅町（13 市町）
減少	三次市、大竹市、江田島市、坂町、安芸太田町、大崎上島町、神石高原町（7 市町）

注：表に無い市町は 2007 年度のデータが得られなかったため記載していない

（筆者作成）

第6章　事業移行に伴う課題 ─ 機能訓練事業と介護予防事業の実態把握 ─　*131*

表6-20　介護予防事業参加者割合の増減と各指標の平均値と標準偏差

	利用料金（円）	実施時間（時間）	高齢者一人当たりの事業予算額（円）	事業予算（千円）	委託予算（千円）	委託予算割合（%）	委託先種類数
増加 平均値 （標準偏差） n＝13	153.5 (162.9)	1.92 (0.40)	2,084 (1,080)	48,333 (72,595)	35,981 (48,205)	76.1 (24.3)	3.07 (1.38)
減少 平均値 （標準偏差） n＝7	332.9 (416.6)	2.14 (0.85)	1,808 (1,261)	13,710 (19,328)	10,339 (16,033)	72.4 (31.2)	2.33 (1.51)

（筆者作成）　＊ $p < 0.05$

（3）考　察

　2007年度から2010年度にかけて介護予防事業の参加者割合が増加した自治体の特徴を見るために、増加した自治体と減少した自治体の2グループに分け、利用料金、実施時間、一人当たりの事業予算、事業予算、委託予算、委託予算割合、委託先種類数の差異を検討したところ、事業予算に有意差がみられた。介護予防事業の参加者数を増加させている多くの自治体は、都市部にあり、介護予防事業施策への事業予算を確保し、事業参加者数を増加させていることを反映したものと考えられる。

9. 介護予防事業以外の健康維持対策の取り組み

（1）その他の健康維持対策の取り組み

　第2章における調査でも回答が得られたように、各自治体では高齢者の健康維持対策として機能訓練事業や介護予防事業以外の取り組みがあり、これら事業に与える影響が考えられる。そこで2010年度は介護予防事業以外の健康関連の取組についてアンケート調査を行っている。このような健康関連の取組と

132 第2部 分 析 編

して着目したのが、健康関連の自主グループと健康維持に関するボランティア養成講座である。次に健康関連の自主グループと健康維持に関するボランティア養成講座の年間開催件数の各指標と介護予防事業への参加者割合との関連をみる。

（2） 介護予防事業とその他の健康維持対策の関係

　2010年度の調査によれば、広島県の各自治体において活動している健康関連の自主グループ数の平均は17グループ、各自治体が年間に開催する健康維持に関するボランティア養成講座件数は平均11回である。その他に健康維持に関わる活動に関する回答では、各自治体独自の健康維持として町民体育館を利用したスポーツグループの活動、産官学ウォーキング大会、水中運動教室があげられていた。スポーツグループの活動は教育委員会の生涯スポーツ促進である地域総合型スポーツクラブと連携して行われている。

　表6-21に2010年度の介護予防事業の参加者割合、総人口、高齢化率、自主グループ数、年間のボランティア講座開催数の各指標の平均値と標準偏差を示す。各指標間の相関をみたところ、総人口と自主グループ数に正の相関が見られる（n＝12、r＝0.93）。なお、各指標に回答のあった自治体の平均をとったためn＝12となっている。また、総人口と高齢化率に負の相関（n＝12、r＝−0.57）がみられる。つまり都市部では、高齢化率は低く、自主グループの

表6-21　2010年度の介護予防事業の参加者割合・総人口・高齢化率・自主グループ数・ボランティア講座開催数

	2010年度高齢者に占める参加者割合（%）	総人口（人）	高齢化率（%）	自主グループ数（個）	ボランティア講座開催数（回／年）
平均値（標準偏差）n＝12	0.90 (1.79)	84,385 (120,296)	30.8 * (0.7)	16.5 (30.4)	11.1 (18.5)

注：総人口と高齢化率は自主グループ数、ボランティア講座数について回答が得られた自治体の平均値を示す

（筆者作成）　＊ $p < 0.05$

第6章　事業移行に伴う課題 — 機能訓練事業と介護予防事業の実態把握 —　*133*

活動が盛んであるといえる。

（3）考　察

　介護予防事業が不調な自治体でも、その他の健康維持の取り組みがなされている可能性がある。こうした自治体の高齢化率、人口、その影響を見るために介護予防事業の参加者割合と自主グループ数、ボランティア講座との相関をみたところ、総人口と自主グループ数の相関がみられた。このことから、介護予防事業以外の健康維持の取り組みは都市部で盛んなことがわかる。第2章にあげた事業担当者からの意見では、このような健康維持の活動が機能訓練事業の中止に影響を及ぼしたことが提示されている。

10.　機能訓練事業を継続している自治体の特徴

（1）　機能訓練事業と介護予防事業の関連性

　2010年度に機能訓練事業を行っていない自治体では、これに代わるものとして、介護保険サービスや自主運営の健康維持グループ活動をあげている。制度移行に伴い、内容に似た機能訓練事業を中止した自治体がある一方で機能訓練事業を継続する自治体がある。継続する自治体には速やかに介護予防事業へと移行できない理由があるものと考えられる。機能訓練事業を継続する自治体の特徴を探ることにより、制度移行における課題を検討する。

（2）　機能訓練事業を継続する自治体の特徴

　機能訓練事業は2007年度に8カ所の自治体（呉市、東広島市、竹原市、尾道市、廿日市市、熊野町、坂町、大崎上島町）において、2010年度は6カ所の自治体（竹原市、尾道市、廿日市市、熊野町、坂町、大崎上島町）において実施していた。2010年度の機能訓練事業の継続の有無と市町名を表6-22に示す。2010年度において機能訓練事業を継続していたのは島嶼部5カ所、内陸部1カ所の自治体である。

　これらの自治体と機能訓練事業を2010年度に中止していた自治体の特徴を

134 第 2 部 分 析 編

表 6-22　2010 年度機能訓練事業の継続有無と市町

2010 年度機能訓練事業の継続有無	市町名
継続有	竹原市、尾道市、廿日市市、熊野町、坂町、大崎上島町（6 市町）
継続無	呉市、東広島市、神石高原町、安芸太田市、安芸高田市、海田町、府中町、府中市、江田島市、北広島町、大竹市、三次市、庄原市、福山市、三原市、世羅町、広島市（17 市町）

（筆者作成）

表 6-23　2010 年度機能訓練事業の継続有無と自治体各指標の平均値と標準偏差（その 1）

2010 年度機能訓練事業		総人口（人）	高齢化率（%）
継続有 n＝6	平均値（標準偏差）	56,821 (59,741)	30.2 (7.4)
継続無 n＝17	平均値（標準偏差）	1,477,753 (286,061)	30.1 (7.8)

（筆者作成）

みるため、総人口と高齢化率の平均値と標準偏差を表 6-23 に示す。2010 年度に機能訓練事業を継続している自治体は総人口が少なく高齢化率が高い傾向にある。つまり、都市部以外である。

　次に、2010 年度の機能訓練事業の継続有と中止した自治体を継続無とし、2 グループに分け、介護予防事業の参加者割合、高齢者一人当たりの事業年間予算額、介護予防事業の委託予算割合、介護予防事業の委託先種類数の各指標を比較した。表 6-24 に示す。機能訓練事業を継続している自治体は、継続していない自治体と比較して、介護予防事業の参加者割合、高齢者一人当たりの介護予防事業年間予算額、介護予防事業の委託予算割合、介護予防事業の委託先種類数が低い傾向にある。

第6章　事業移行に伴う課題―機能訓練事業と介護予防事業の実態把握―　*135*

コラム19・自主グループ

　介護保険やそのほかの制度上のサービスに該当しない人が集まり、定期的に
ウォーキングや太極拳など健康維持の活動を行う集団を自主グループという。
自発的であるため主体的に取り組みやすい。高齢者の健康維持のグループは、
介護保険の地域支援事業にも位置付けられており、行政の活動支援がある。医
療福祉における家族の会、患者の会は当事者グループやピア・カウンセリング
と呼ばれ、支援や困りごとの解決が図られる相互扶助の仕組みである。専門家
ではアドバイスできない身近で具体的な支援が得られることが長所である。

表6-24　2010年度機能訓練事業の継続有無ごとの自治体各指標の平均値と標準
　　　　偏差（その2）

介護予防事業　　機能訓練事業		介護予防事業			
		高齢者中に占める参加者割合（％）	高齢者一人当たりの事業の年間予算（円）	委託予算割合（％）	委託先種類数
継続有 n＝6	平均値 （標準偏差）	0.46 (0.37)	1,698 (1,063)	68.5 (30.9)	2.33 (1.03)
継続無 n＝17	平均値 （標準偏差）	1.05 (2.07)	2,086 (1,121)	79.2 (23.2)	2.91 (1.48)

（筆者作成）

表6-25　2010年度機能訓練事業の継続有無ごとの自治体各指標の平均値と標準
　　　　偏差（その3）

健康支援　　機能訓練事業		自主グループ数（個）	年間ボランティア講座数（回）
継続有 n＝4	平均値 （標準偏差）	3.25 (3.40)	9.60 (19.81)
継続無 n＝8	平均値 （標準偏差）	23.13 (30.37)	11.08 (18.53)

（筆者作成）　　＊ $p < 0.05$

136 第2部 分 析 編

　さらに、機能訓練事業継続の有無と自主グループ数、年間ボランティア講座開催数の各指標を表6-25に示す。機能訓練事業を継続する自治体は自主グループ数、年間ボランティア講座数において少ない傾向が見られた。2グループの各指標間の差を見たところ、自主グループ数に有意な差がみられた。なお、各指標に回答のあった自治体の平均をとったため、継続有 n＝4、継続無 n＝8 となっている。

（3）考　察

　2010年度、機能訓練事業を継続していたのは人口規模が小さい島嶼部、内陸部の自治体である。これらの自治体を、機能訓練事業を中止した自治体と比較すると、介護予防事業の参加者割合、一人当たりの事業年間予算、委託予算割合、委託先種類数において低い傾向がみられた。機能訓練事業を行っている自治体は介護予防事業の委託先が少なく、委託が進んでいない。また、参加者数も少ない傾向にある。さらに、自主グループやボランティア講座数も少なく、高齢者の健康維持対策として機能訓練事業を行っているものと考える。

11. ま　と　め

　本章では、広島県を対象地域として、機能訓練事業と介護予防事業の運営の実態を経年的に把握した。2007年度の調査では介護予防事業は機能訓練事業と比較して、多くの市町（以下自治体とする）で実施されており、より多様な場において、多様な主体によって事業が行われていることが明らかとなった。

　次に2010年度の調査において、介護予防事業では対象者を把握する方法の変化、高齢者に占める利用者割合の増加、委託の増加、事業予算に占める委託予算割合の増加がみられた。その理由として、対象者の把握方法の変化や、事業実施方法の工夫、委託による事業の活性化があげられる。これらの点においては、介護予防事業は当初の多様な主体の活用によるサービスの活性化という目的を達成しているものと考えられる。

　さらに機能訓練事業に関しては、本調査により両事業は対象者の疾患と年齢

第6章　事業移行に伴う課題―機能訓練事業と介護予防事業の実態把握―　*137*

が異なることから、介護予防事業は機能訓練事業を補完していないことを確認
した。この検証により虚弱高齢者を対象として行われる機能訓練事業と介護予
防事業における対象者の疾患や事業に関わる主体が異なること、機能訓練事業
と比較して複数の主体が介護予防事業に関わっていることを確認した。機能訓
練事業を実施している6自治体ではこの事業は40歳以上65歳未満の特定疾
患以外の障害のある人、65歳以上の虚弱な人など介護保険の対象とならない
人へのサービス提供として行われていると推測できる。機能訓練事業に関する
自治体担当者のコメントより、代替するサービスとして介護保険サービス、自
主グループ、自立支援法のサービス、地域のサロンがあげられた。しかし代替
するサービスが存在しない場合は、機能訓練事業の継続が必要となる。

　最後に機能訓練事業から介護予防事業への移行における課題を整理すると、
多様な主体により介護予防事業の活性化が進んだ自治体もあるが、連携する主
体の確保が困難な自治体が存在する。そして、移行できずに機能訓練事業が継
続されている自治体もある。

　介護予防事業は多様な主体の連携により効果を上げている。しかし、連携先
が確保できない自治体では介護予防事業は不振であった。また、介護予防事業
に関しては、自己負担額が安価で、実施時間が短い自治体が参加者数を増やし
ていた。また、2007年度から2010年度にかけて介護予防事業参加者割合が増
加した自治体は、減少した自治体と比較して、高齢者一人当たりの事業予算、
事業予算、委託予算、委託割合、委託先種類数が大きい傾向がみられた。全体
では、事業予算に占める委託費用の割合は平均的に増加しており、2010年度
においては委託予算と事業予算に相関がみられた。これは委託が一般化してき
たことを示すと考えられる。

　次に機能訓練事業を継続する自治体は小規模で、介護予防事業の委託先が無
いなど運営は困難な状況であり、機能訓練事業を中止できないものと推測でき
る。つまり、介護予防事業における連携主体の拡充が見込めない地域である。
2010年度に機能訓練事業を継続している自治体は、継続していない自治体と
比較して、総人口が少なく、高齢化率が高い傾向があった。次に、これらの自
治体の介護予防事業や他の健康関連の取組の状況を検討した。2010年度に機

138　第2部　分　析　編

　能訓練事業を継続している自治体では、機能訓練事業を継続していない自治体
と比較して、高齢者一人当たりの介護予防事業の年間予算、介護予防事業の委
託予算割合、介護予防事業の委託先種類数、高齢者人口に対する介護予防事業
の参加者割合、自主グループ数、年間ボランティア講座数が少ない傾向にあっ
た。このうち、高齢化率と総人口との間に負の相関が、自主グループ数と総人
口との間に正の相関がみられた。機能訓練事業を継続していない自治体の特徴
から、機能訓練事業の対象者は介護予防事業、その他の介護保険サービス、自
主グループの活動に移行したものと考える。また、介護予防事業の運営だけで
なく、自主グループの活動や、ボランティアの育成に目を向けると、これらの
取り組みも進んでいない。このような地域では、自治体が行う健康維持活動で
ある機能訓練事業が欠かせず、任意事業となったものの予算を確保し継続して
いくことが望まれる。

　2007年度から2010年度における介護予防事業の変化では、多様な主体が事
業に関わるようになっている。また、高齢者中に占める介護予防事業の参加者
数は増加しているが、このような多様な主体が、政策の計画実行過程において
どのように介護予防事業に関わり、連携をしているか本章までにおいては明ら
かにはできていない。そこで本章における調査から特徴的な地域を選択し、第
7章、第8章において主体間連携の効果と課題について検討を進める。

第 7 章

介護予防事業における主体間連携の
実態分析（その1）
― 広島県の3自治体を対象とした連携と変化 ―

　第6章における広島県全域を対象とした調査から、虚弱高齢者の健康維持のサービスである介護予防事業は、多様な主体により行われるようになり、参加者を増加させる効果を上げてきたことを確認したが、このような多様な主体が、どのように連携しているかは明らかではなかった。本章においては、第6章において確認した自治体から特徴的な3つの自治体を選択し、担当者にヒアリング調査を行う。そして、第5章において作成した分析フレームを用いて、2012年度から2015年度の介護予防事業の計画実行の段階における各主体の役割や主体間の関係の分析を試みる。この検討により、第5章において作成した分析フレームの有効性を確認する。また、本章では、①各自治体の具備する条件により、どのような主体間連携が行われているか、②またその連携は時間の経過とともにどのように変化していくのか、これらを経年的調査により把握する。これをふまえ、各自治体の介護予防事業の運営の実態分析を通して、介護予防サービスにおける主体間連携の変化を検討する。

1. 分析の目的

　少子高齢化に伴う社会保障費の増大を抑えるため、介護保険法の制定、予防重視の医学へのシフトなど医療福祉の改革が行われてきた。このうち介護保険は多様な運営主体の参入を促してきたが、介護予防事業は社会保障の重点事業であるにもかかわらず、その運営方法は必ずしも確立していない。その原因として考えられるのは、地域の実状により介護予防事業、機能訓練事業の運営

140 第2部 分 析 編

手法が異なるためである。第6章における調査により、委託の可否、予算の確保、委託先の有無、市町村合併による自治体そのものの変化など、自治体ごとに異なった実情と運営の工夫、課題があることがわかった。また、時間の経過により、委託先や予算、機能訓練事業の打ち切りなど、運営状況も変化していることがわかった。本章では、このような変化をさらに詳細に分析し、自治体による違いを明らかにする。その方法として、第5章において作成した分析フレームを用いて、特徴的な自治体の介護予防事業に関わる主体間連携の事例分析を行う。その目的は、各地域の連携の経緯、運営を経年的に分析すること、それを通じてさまざまな地域に在住する高齢者の健康維持のために有効なスキームを提案することにある。

2. 対象地域の特徴と調査方法

（1） 対象地域の特徴

　広島県の特徴的な3自治体すなわち大崎上島町、庄原市、廿日市市を対象とする。図7-1、表7-1に選定した自治体の所在と特徴を示す。広島県を選んだ理由は第6章で述べたように、広島県が日本の特徴的な風土、条件を備えているからである。このうち、大崎上島町は、面積 43.24km^2、人口 8,448 人、高齢化率 42.8%（2010 年）、瀬戸内海にある温暖な有人離島である。広島県で特に高齢化が進行している町であること、および離島という地理的条件から選択した。離島は、民間病院や介護サービス事業者の参入が少ない医療福祉の面で条件不利な地域である。第6章での調査において委託先は社会福祉協議会1カ所しかあげられていない。また、事業者の参入不足により介護保険サービスに切り替えることが困難なため、機能訓練事業を継続して行っている。広島県には離島を含む自治体として、広島市、福山市、尾道市、三原市、呉市、大竹市が存在するが離島のみで構成される自治体は大崎上島町のみである。なお島嶼部のみで構成されているが江田島市は呉市からの架橋があり離島振興法に定められる離島ではない。また、江田島市内には医療機関が多数存在し、介護保険事業者の参入も多いことから、分析の対象地域として選択しなかった。

図 7-1　調査対象地域
出所：国土地理院白地図をもとに筆者作成

　次に庄原市は、面積 1,246.49km^2、人口 4 万 244 人（2010 年）、広島県の北東部内陸に位置する豪雪地帯、中山間地域であり大崎上島町とは地理的条件が大きく異なる。庄原市の高齢化率は 37.7%（2010 年）、無医地区（半径 4km 以内に医師のいない地域）が広島県の中で最も多い。第 6 章の分析において庄原市は介護予防事業が開始されて間もない 2007 年の事業参加者数、参加延べ人数が広島県において最も多く現在も参加者割合が高く、高齢者一人当たりの介護予防事業予算額が、広島県内の自治体中で最も高い。機能訓練事業は 2007 年にすでに中止しており、介護予防事業に重点を置いていることが予算の面からもわかる。また、庄原市は大規模な市町村合併が行われ、西日本で最も広い面積を有することになった自治体であり、住民自治の安定を図るために自治振興区が設けられている。この自治振興区は、第 4 章で述べた地方自治法 202 条による地域自治区である。さらに、庄原市では第 6 章におけるアンケート調査において委託先として NPO 法人を確保していると回答しており、この NPO 法人や自治振興区は、介護予防事業の運営に影響を与えているもの

142 第2部 分析編

表 7-1 対象地域の特徴（2012年3月現在）

市町	第6章において明らかになった特徴	地理的特徴	合併の様子	医療提供体制
大崎上島町	介護予防事業の委託先は社会福祉協議会のみ、介護予防事業の参加者は横ばい傾向、機能訓練事業を継続	離島、温暖柑橘類の生産、漁業、	2003年に島内の3町が合併、合併前後、町は小規模	人口1,000人に医師数1人、医療インフラ不足、島内の医師は9人、専門医の受診にはフェリー利用
庄原市	介護予防事業予算額増加、介護予防事業の参加者は2007年度から高く2010年度にかけて増加傾向、2007年以前に機能訓練事業中止	島根、鳥取、岡山の3県に接する中山間地域、豪雪地帯、農業	2005年に1市6町が合併、合併前の市町は50年以上の歴史があり合併前の市町の自立性が高い	人口2,000人に医師数1人、市の面積が広大で無医地区27カ所赤十字病院、市民病院あり
廿日市市	事業予算額は増加しているが高齢者増加により一人当たりの事業予算額は減少、介護予防事業の参加者は増加傾向	山口県に接する中国山地から瀬戸内海沿岸部、広島市のベッドタウン、温暖多雨、高地は冬季積雪、木材業、かき養殖	2003年1市2町が合併さらに2005年大野町、宮島町が合併	無医地区2カ所、僻地診療所1カ所国立医療センターあり、民間病院は多数あり

出所：各市町ホームページを参考に筆者作成

　と考える。内陸部中山間地域にあり、介護予防事業の参加者数では北広島町も2006年度から利用者数が多い。しかし、北広島町は、どんぐり財団という健康維持に特化した財団が大規模な運動施設を提供しており、この特定の主体による協力により介護予防事業の参加率に一定の成果をあげているものと考えられる。そこで多様な主体の連携事例の分析には適さないものと考えた。
　最後に、廿日市市は世界遺産の宮島がある、面積489.48km^2、人口11万4,038人（2010年）の広島県西部に位置する都市である。西日本有数の木材専用港、輸入木材に関連した住宅産業、家具関連産業がある。この地域を選んだ

第7章　介護予防事業における主体間連携の実態分析（その1）－広島県の3自治体を対象とした連携と変化－　*143*

理由は、人口規模が大きく政令指定都市広島市のベッドタウンであり、標準的な郊外地域の特徴を持つからである。高齢化率は 23.5％であり、広島県全体 24.0％、全国 23.0％に近似する（2010 年）。また産業別人口でも第 1 次産業 2.5％、第 2 次産業 24.8％、第 3 次産業 72.6％（2010 年）であり、全国や広島県全体と類似している。廿日市市は老人クラブの活動が盛んな地域であり、介護保険事業者の参入により、介護予防事業が活性化したため、2014 年には機能訓練事業を中止している。2007 年に機能訓練事業を行っていて、2010 年に中止した地域として東広島市と呉市が挙げられるが、全国平均、広島県の平均と比較すると東広島市は高齢化率が低く、呉市は高齢化率が高いため標準的地域として選択する自治体としては適さないと考えた。

　3 つの地域いずれにおいても、総人口は減少し高齢化率は上昇する傾向にある。介護予防事業の面で際立った先進地域ではないが、第 6 章の調査結果と、地理的特徴、合併などの面で、それぞれ特徴的な地域であることから、この 3 つの自治体を選定し分析の対象とする。

（2）調査方法

①　2012 年度～ 2013 年度調査

　2012 年 11 月 7 日庄原市、2012 年 12 月 10 日大崎上島町、2013 年 6 月 18 日廿日市市を訪問し、介護予防事業担当者に調査を行った。調査内容は、重点事業を探るため各事業と人員、予算、各事業の連携内容、連携機関や人、連携をコーディネートしている機関や人、連携の目的、連携の効果、連携に関わる委託や市民参加の状況について尋ねた。

②　2015 年度調査

　2015 年 7 月末、電子メールを用いて広島県大崎上島町、庄原市、廿日市市に介護予防に関わる連携について尋ねた。その後、2015 年 9 月 16 日大崎上島町に訪問、社会福祉協議会地域包括支援センター保健師、福祉課介護保険係保健師にヒアリング調査を行った。2016 年 1 月 26 日庄原市を訪問し、高齢者福祉課高齢者福祉係、介護保険係、地域包括支援係、保健医療課健康推進係の 4 人にヒアリング調査を行った。2015 年 9 月 18 日廿日市市福祉保健

144 第2部 分 析 編

部高齢介護課包括ケア推進係に対してヒアリング調査を行った。分析を助け
るものとして第5章において作成したフレームを用いて連携の状況を整理し
た。対象とした3自治体における2012年度から2015年度の連携の変化に
ついて比較する。

3. 調査結果（大崎上島町）

（1） 事業の概要

① 2012年度調査

表7-2に2012年度の大崎上島町における代表的な介護予防事業の職員数
と予算を示す。

② 2015年度調査

表7-2　大崎上島町における主要な介護予防事業の職員数と予算（2012年度）

対象者と事業内容			職員数（人）	予算（千円）
虚弱高齢者対策	二次予防事業	実態把握事業（対象者見極め）	10	1,207
		通所型（口腔、転倒予防）	1	1,116
		介護予防ケアマネジメント	3	1,469
		食の自立支援（訪問）	1	768
高齢者全般	一次予防事業	介護予防普及啓発	4	3,017
		地域介護予防活動支援	1	2,434

（筆者作成）

2015年度の大崎上島町高齢者保健福祉計画・第6期介護保険事業計画
（2015：p.10, pp.54-58）によれば、介護予防事業を含む地域支援事業全体で
35,800（千円）となっている。2012年度の地域支援事業全体では24,106（千
円）となっており、その増加の要因は高齢化に伴う利用者数の増加である。
さらに、第6期介護保険事業計画によれば、地域支援事業の任意事業とし
て家族介護支援事業を開始している。これは、新たな事業者が参入しないこ
とへの対策である。家族介護支援事業には家族会へのサービスの他、家族介

護慰労金支給が行われている。この事業は要介護状態4・5の認定を受けた住民税非課税世帯の高齢者を在宅で介護し、過去1年間介護保険サービスを利用しなかった場合、申請により支給されるもので、年間の支給額は10万円である（大崎上島町 2015：pp.54-56）。財政面では、税収源であった中国電力の火力発電所が、2015年度に運転中止の方針を打ち出したことから、2014年度と比較し町全体の一般事業予算は減少している。

（2）連携の実態
① 2012年度調査

主体間連携の内容を図7-2および表7-3に示す。

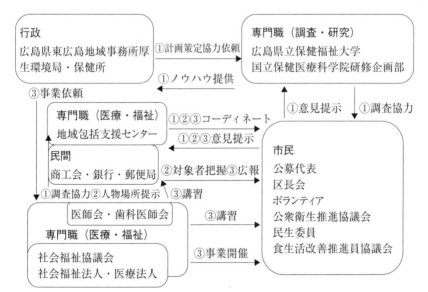

注：①、②、③はそれぞれ計画策定段階Ⅰ、計画策定段階Ⅱ、実行段階の連携を示す

図7-2 2012年度大崎上島町介護予防事業における主体間連携
（筆者作成）

146　第2部　分　析　編

表7-3　大崎上島町介護予防事業における計画実行段階と主体の役割 (2012年度)

主体		①計画策定段階Ⅰ		②計画策定段階Ⅱ		③実行段階	
		課題設定	課題範囲決定	手段・制約条件検討	実行計画策定	事業実施	モニタリング
専門職(調査・研究)	広島県立保健福祉大学	ノウハウ提供・ワーキング会議	ワークショップによる意見交換・調査・目標設定	-			
	国立保健医療科学院研修企画部						
行政	広島県東広島地域事務所厚生環境局・保健所	ワーキング会議		-			
	町保健衛生課			ワークショップによる計画検討・手段決定	予算決定	事業提供	年3回ケア会議
	町福祉課						
専門職(医療・福祉)	地域包括支援センター						
市民	公募市民代表	-			-	事業協力	
	民生委員	調査協力		対象者把握協力			
	ボランティア	-					
専門職(医療・福祉)	社会福祉協議会	調査協力		人材・物・場所の提供提示		事業開催	
	社会福祉法人						
	医療法人	-					-
	医師会・歯科医師会					講習	
民間	商工会・銀行・郵便局	-		対象者把握協力		広報	

注：－付記は該当する役割が無いことを示す

(筆者作成)

コラム20・離島
　離島とは、本土と埋め立てや架橋でつながれていない島嶼部。本土より小さく海に囲まれた所。医療福祉では事業所の参入が少ない条件不利地域である。

大崎上島町の地域包括支援センターは社会福祉協議会への委託であるため、専門職（医療・福祉）とした。なお、大崎上島町は市ではないが、第4章における主体の分類に従いサービスの受け手であり担い手であるという観点から、連携に参加している住民および周辺の人々を、町民ではなく市民としている。計画策定段階Ⅰにおいて、広島県東広島地域事務所厚生環境

表7-4　大崎上島町介護予防事業における計画実行段階と主体の役割（2015年度）

主体		①計画策定段階Ⅰ		②計画策定段階Ⅱ		③実行段階	
		課題設定	課題範囲決定	手段・制約条件検討	実行計画策定	事業実施	モニタリング
行政	町福祉課	老人福祉介護保険計画を立てる、事業の方向性を決める		計画策定委員会	−	−	小地域づくり会議＝連絡会年3回
市民	住民代表・介護者代表	−			−		
	民生委員・巡回相談員	−		−		体力測定の協力・見守り	
	ボランティア・生活支援コーディネーター	−		−			
専門職（医療・福祉）	社会福祉協議会地域包括支援センター	事業内容検討		事業内容決定		コーディネート	
	社会福祉協議会地域福祉係					事業実施	
	老人保健施設みゆき　作業療法士	−		−			
専門職（調査・研究）	ぎょうせい	アンケートの実施・課題把握協力		−		−	

注：−付記は該当する役割が無いことを示す

（筆者作成）

局・保健所を含む行政は公募された市民代表とワークショップにおいて意見交換・調査・目標設定をとおして課題範囲の決定を行う。専門職（医療・福祉）は、ニーズに関する調査協力を行う。

　計画策定段階Ⅱにおいて社会福祉協議会、社会福祉法人、医療法人は事業に関わる人材・物・場所の提供を行政に対して提示する。大崎上島町保健衛生課、町福祉課、地域包括支援センター、公募市民代表はワークショップを開催し計画の検討と手段を決定する。大崎上島町保健衛生課、町福祉課、地域包括支援センターは予算を決定する。民生委員・ボランティア、商工会・銀行・郵便局は機能低下を起こす高齢者を発見し行政に伝える。行政は市民からの意見をもとにコーディネートを行う。

　計画実行段階において、行政から委託された社会福祉協議会、社会福祉法人、医療法人は事業を実施する。行政は医師会・歯科医師会に依頼し、商工会・銀行・郵便局に高齢者の機能低下について講習を行ってもらう。また、

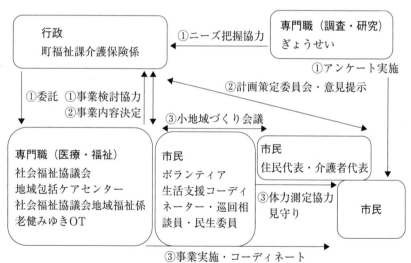

注：①、②、③はそれぞれ計画策定段階Ⅰ、計画策定段階Ⅱ、実行段階の連携を示す

図7-3　2015年度大崎上島町介護予防事業の計画実行段階における主体間連携

（筆者作成）

銀行や郵政、商工会は市民に対して事業の広報を行う。行政、市民、専門職は年3回のケア会議で事業の見直しを行う。市民はワークショップやケア会議を通じて計画のすべての段階に参加している。

② 2015年度調査

表7-4および図7-3に、大崎上島町介護予防事業における連携の詳細を示す。

（3）連携の変化

大崎上島町における介護予防事業に関わる主体間連携について、2012年度から比較した際の、2015年度においての主体間連携の変化を表7-5にまとめる。

計画策定段階Ⅰにおいて、専門職（調査・研究）の県立広島大学、国立保健医療科学院、広島県との連携はモデル事業期間の終了によりなくなった。大崎

表7-5　大崎上島町における連携主体の変化と理由・効果

	連携主体	変化した計画実行段階	連携の変化の理由	効果
2015年度になくなった連携主体	県立広島大学、国立保健医療科学院、広島県、大崎上島町保健衛生課	計画策定段階Ⅰ	事業のノウハウがわかり連携を必要としなくなった	計画策定の時間が短くなった
	公募市民代表		協力の仕組みがなくなった	
	商工会・銀行・郵便局	計画策定段階Ⅱ	制度変更があり協力が必要なくなった	
2015年度に生じている新たな連携主体	ぎょうせい（民間会社）	計画策定段階Ⅰ	専門的な事業評価を行うため協力が必要になった	専門的な事業評価が期待される
	巡回相談員、生活支援コーディネーター	計画実行段階	事業に参加しない人に対する見守りや安否確認が必要となった	事業に参加しない人に対する見守りや安否確認が期待される

（筆者作成）

150　第2部　分　析　編

上島町保健衛生課との連携は行政内の役割分担によりなくなった。同じ段階における新しい連携先として専門職（調査・研究）ぎょうせいがあげられる。民意をくみ上げる目的の公募市民の参加がなくなった。このような連携主体の減少により運営は困難になることが予想される。特に、計画策定段階Ⅰにおける連携主体の欠如により、政策過程において最も重要なアジェンダ設定は市民のニーズを反映できない危険性がある。また、民間（商工会・銀行・郵便局）との連携もなくなった。制度変更（厚生労働省2014）のため機能低下を起こした人の発見について協力してもらわなくなったということである。これまでの連携体制が崩れてしまった。新たな連携として、巡回相談員、生活支援コーディネーターがあるが、機能するまで時間がかかるものと考えられる。

4. 調査結果（庄原市）

（1）事業の概要

① 2012年度調査

重点事業として庄原市では人員配置と予算の状況から、二次予防事業通所型運動機能向上と一次予防事業ボランティア養成に力点を置いている（表7-6）。

表7-6　庄原市における代表的な介護予防事業の職員数と予算（2012年度）

対象者と事業内容		職員数（人）	予算（千円）
虚弱高齢者	二次予防事業	実態把握事業（対象者見極め）	7	7,316
		通所型（運動機能の向上）	11	28,870
		うつ・閉じこもり対策（訪問）	8	2,275
高齢者全般	一次予防事業	高齢者健康教室	11	11,371
		健康相談	11	
		ボランティア養成	14	
活動的な高齢者	重点事業	生き甲斐創造型サロンモデル事業（新事業支援）	1 社協に委託	2,350

（筆者作成）

第7章　介護予防事業における主体間連携の実態分析（その1）―広島県の3自治体を対象とした連携と変化―　*151*

表 7-7　庄原市における主要な介護予防事業の職員数と予算（2015 年度）

対象者と事業内容			職員数（人）	予算（千円）
虚弱高齢者	二次予防事業	対象者把握事業	11	4,802
		通所型介護予防事業	9	35,813
		訪問型介護予防事業	7	1,589
		二次予防事業評価事業	9	667
高齢者全般	一次予防事業	介護予防普及啓発事業	10	10,653
		地域介護予防支援事業	7	5,003
		一次予防事業評価事業	0	0
活動的な高齢者	重点事業	生き甲斐創造型サロンモデル事業	0	2,454

出所：第6期庄原市高齢者福祉計画介護保険事業計画 p.101 をもとに筆者作成

　また、虚弱高齢者、一般高齢者対策のみならず活動的な高齢者対策も行っている。生き甲斐創造型サロン型モデル事業は社会福祉協議会や老人クラブに委託し、高齢者が始める地域おこしの新事業について行政が資金提供を行うものである。

②　2015 年度調査

　表 7-7 に庄原市における代表的な介護予防事業のそれぞれの職員数と事業予算の詳細（2015 年度）を示す。庄原市では 2012 年度と同様の事業が行われており、2015 年度の重点事業としては予算の割合から二次予防事業通所型介護予防事業であると考えられる。国からの通達により二次予防事業と一次予防事業は一体化して行ってもよいこと、特に二次予防事業の対象者選別は行わなくてもよいことになったが、庄原市では 2015 年度も引き続き予算が組まれ行われている。

（2）連携の実態

①　2012 年度調査

　庄原市の介護予防事業における連携を表 7-8 および図 7-4 に示す。計画策定段階 I において行政は人間科学研究所の協力によりアンケート調査を

152　第2部　分析編

表7-8　庄原市介護予防事業における計画実行段階と主体の役割（2012年度）

主体	段階	①計画策定段階Ⅰ		②計画策定段階Ⅱ		③実行段階	
		課題設定	課題範囲決定	手段・制約条件検討	実行計画策定	事業実施	モニタリング
専門職（調査・研究）	NPO法人人間科学研究所	理想設定	ニーズ把握	事業企画・ノウハウ提供		ノウハウ提供	再調査
行政	高齢者福祉課	介護保険計画策定		予算決定会議においてアンケート結果・基礎資料の共有、事業調整、事業紹介		事業提供	
	保健医療課	健康づくり計画策定					
	支所	住民の意見代弁				事業コーディネート	月1回連絡会、ワークショップによる意見交換
	地域包括支援センター	－					
市民	民生委員	調査協力		対象者把握協力		事業協力	
	自治振興区	住民の意見取りまとめ提示					
	ボランティア	－					
専門職（医療・福祉）	社会福祉協議会	調査協力		人材・物・場所の提供提示		事業開催	
	社会福祉法人						
	医師会・医療法人	－		対象者見極め		講習	
民間	商工会・銀行郵便局	－		対象者把握協力		広報	－

注：－付記は該当する役割が無いことを示す

（筆者作成）

行い、市民のニーズを知る。

　計画策定段階Ⅱにおいてあらかじめ医療法人により講習を受けた商工会は、高齢者の心身機能の低下が疑われた場合、行政に伝える。専門職（医療・福祉）は社会福祉協議会、社会福祉法人、医師会・医療法人があり提供できる人材や物、場所を行政に提示する。行政はこれを基に実施計画を策定する。

　計画実行段階の市民参加は自治振興区や市民ワークショップにより行わ

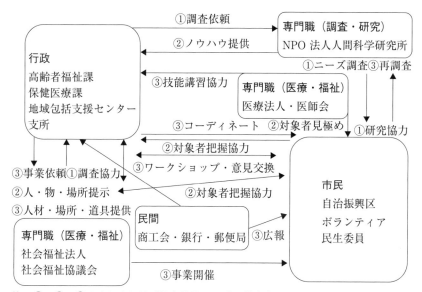

注：①、②、③はそれぞれ計画策定段階Ⅰ、計画策定段階Ⅱ、実行段階の連携を示す

図 7-4　2012 年度庄原市介護予防事業における主体間連携
(筆者作成)

れる。庄原市には 31（2012 年度調査時）の自治振興区があり、行政から独自の活動のための資金を受けている。庄原市の自治振興区は月 1 回集会を開き、行政に新しいニーズを伝達する。また、庄原市では、市民ワークショップを開催している。ワークショップでは専門職やボランティアが交流し、課題に対するアイディアを出し合う。自治振興区の集会には高齢福祉課と保健医療課、支所、地域包括支援センターの職員など行政側も複数の主体が参加して意見交換を行う。自治振興区ごとの市民の要請によってサービス内容に変化を持たせることで参加者数を増加させている。

コラム 21・中山間地域

平野から山間にかけての地域。傾斜地が多いものの、山地の多い日本では重要な水源があり農地とされている場所も多い。医療福祉では離島と同じく条件不利地域。面積が広く住居が点在するため、医療や商業、教育などの生活拠点性が確保されにくい。

154　第２部　分　析　編

表7-9　庄原市介護予防事業における計画実行段階と各主体の役割（2015年度）

主体		①計画策定段階Ⅰ		②計画策定段階Ⅱ		③実行段階	
		課題設定	課題範囲決定	手段・制約条件検討	実行計画策定	事業実施	モニタリング
専門職（調査・研究）	NPO法人人間科学研究所	調査	集計	–	–	–	二次予防事業評価
行政	高齢者福祉課	計画策定	方向性・事業調整・情報共有	予算決定		事業コーディネート	月1回の会議・事業評価による改善
	地域包括支援センター						
	保健医療課			現場レベルの実行計画			
	各支所			地域資源を活用した支所ごとの企画立案	予算確保	事業実施	
市民	民生委員	調査協力		対象者把握		見守りネットワーク	
	自治振興区			自治振興センターの提供		事業実施	
	ボランティア			–		介護予防マシンの補助・男性の食教室	
専門職（医療・福祉）	社会福祉協議会	調査協力		サロンとの連携		シルバー体操講座の支援	–
	社会福祉法人			虚弱な人の掘り起こし・対象者の把握			
	医療法人						
民間	JA	–	–	–	–	配食・講座・デイホーム事業	–
	商工会・銀行郵便局					広報	–

注：－付記は該当する役割が無いことを示す

（筆者作成）

第7章 介護予防事業における主体間連携の実態分析（その1）―広島県の3自治体を対象とした連携と変化―　155

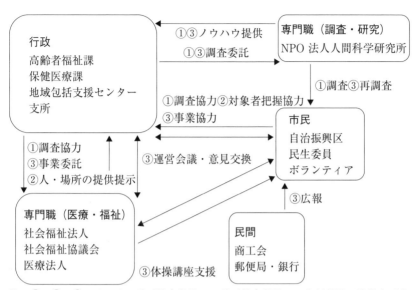

注：①、②、③はそれぞれ計画策定段階Ⅰ、計画策定段階Ⅱ、実行段階の連携を示す

図7-5　2015年度庄原市介護予防事業の計画実行段階における主体間連携
（筆者作成）

② 2015年度調査

表7-9および図7-5に、2015年度の庄原市介護予防事業計画実行段階と主体の役割をまとめる。自治振興区数は前回31であったが、再編成され22になった。以前の事業は市の中央1カ所の保健センターに集めていたが、今年度から各自治振興センターで行うようにした。身近な場所で行うようにしたことから、参加者が増加したとのことである。各自治振興センターの事業には市からの補助金がある。

計画策定段階Ⅰの課題設定の段階では行政の複数の組織が協力して計画を策定している。課題範囲の決定についても同様に行政内の調整が図られている。

計画策定段階Ⅱでは高齢者福祉課と地域包括支援センターが予算を決定する。保健医療課では現場レベルの実行計画を立て、制約条件の検討においては、支所ごとに社会資源の調整を行い、計画を立案する。支所は予算を確保し具体的な実行計画を立てる。

156 第2部 分 析 編

> コラム22・自治振興区
> 　地方自治法 202 条では、地域自治区について「市町村は、市町村長の権限
> に属する事務を分掌させ、及び地域の住民の意見を反映させつつこれを処理さ
> せるため、条例で、その区域を分けて定める区域ごとに地域自治区を設けるこ
> とができる」としている。地域自治区は、その市町村の歴史的・地理的条件に
> よって決められ、事務所、事務所長、事務職員が配置される。町内会あるいは
> 自治会は、明治期の町村合併の際に、行政の補完組織として行政区に設けられ
> たものである。

　次に計画実行段階の連携を示す。事業の実施は支所と自治振興区の協力によ
り行われる。実行段階における運営会議は地域包括運営会議として介護予防に
ついて連絡している。年1回行っており、参加者は行政、住民代表や医師など
の専門家である。7つの地区では地域包括支援センターがあり、それぞれで多
職種連携地域ケア会議が行われている。自治振興区から事業内容についてリク
エストがあり民意の反映になると感じているとのことである。

　連携のための工夫として、市の広報により月1回健康づくりの1面を市報に
載せている。不定期にイベント、出前トークを要望に応じ行っている。内容は
相談窓口の紹介、高齢者福祉サービスについてである。また、住民を対象とし
た認知症介護予防講座、介護予防講座について年1回医療法人に委託して行っ
ている。連携先との継続的な協力関係の維持について運営会議を年1回行って
いる。

（3）連携の変化

　2012 年度と比較した際の連携における 2015 年度においての主体間連携の変
化を表7-10 にまとめる。庄原市の連携における変化は、計画策定段階Ⅱにお
ける支所への権限の委譲による事業の拡充である。また、計画実行段階におい
て新たな事業参入があり、全体的に充実する方向となっている。2012 年度は
トップダウン型の計画実行であったが、支所と自治振興区への予算を含む権限
移譲により計画策定はボトムアップ型となり、より民意を反映する形態となっ
ている。

表 7-10　庄原市における連携主体の変化と理由・効果

	連携主体	変化した計画実行段階	連携の変化の理由	効果
2015 年度に生じている新たな連携主体	JA	計画実行段階	事業協力が得られた	サービスが拡充した
2015 年度役割が変化した連携主体	各支所	計画策定段階 II 計画実行段階	全市統一事業ではなくなった 各支所が事業の立案を行うことになった	地域の社会資源に見合った事業の実施が可能になり参加者が増加した
	自治振興区	計画策定段階 II 計画実行段階	事業開催を担うことになった	民意の反映 参加者の増加

(筆者作成)

5. 調査結果（廿日市市）

（1）事業の概要

① 2012 年度調査[1]

　表 7-11 に廿日市市における代表的な介護予防事業の職員数と予算を示す。ヒアリング調査の対象は高齢福祉課職員、健康推進課保健師、地域包括支援センター保健師である。計画策定のニーズ調査は高齢福祉課が行い、議会の承認後、事業実施の段階で健康推進課、地域包括支援センターが関わっている。廿日市市ではその予算から地域介護予防活動支援に重点が置かれている。この事業は、健康づくり応援団養成・育成事業と老人クラブ委託事業があり、いずれも地域住民が主体となって健康づくりに取り組めるよう、住民リーダーを養成するものである。

② 2015 年度調査

　表 7-12 に廿日市市における代表的な介護予防事業の職員数と予算（2015年度）を示す。連携のための工夫として定例会を開催しており、頻度は相手により不定期であるが、社会福祉協議会とは週 1 回定例会を行っているとのことである。

158 第2部 分析編

表 7-11　廿日市市における主要な介護予防事業の職員数と予算（2012 年度）

対象者と事業内容			職員数（人）		予算（千円）
虚弱高齢者対策	二次予防事業	実態把握事業（対象者見極め）	1	委託	26,841
		通所型	3	委託	
高齢者全般	一次予防事業	地域介護予防活動支援	1		22,935
		介護予防普及啓発			
	任意事業	認知症サポート安心まちづくり事業	1	委託	4,852
		認知症高齢者見守り事業			
		徘徊高齢者家族支援事業			

（筆者作成）

表 7-12　廿日市市における主要な介護予防事業の職員数と予算（2015 年度）

対象者と事業内容			職員数（人）		予算（千円）
虚弱高齢者対策	二次予防事業	通所型	3	委託	22,546
高齢者全般	一次予防事業	地域介護予防活動支援	1		18,024
		介護予防普及啓発			
	任意事業	認知症サポート安心まちづくり事業	1	委託	30,762
		認知症高齢者見守り事業			
		徘徊高齢者家族支援事業			

（筆者作成）

（2）連携の実態

① 2012 年度調査

　廿日市市の介護予防事業における連携を表 7-13 および図 7-6 に示す。計画策定段階Ⅰでは、専門職と市民からなる計画策定委員会が計画案を策定す

第7章　介護予防事業における主体間連携の実態分析（その1）―広島県の3自治体を対象とした連携と変化―　*159*

表7-13　廿日市市介護予防事業における計画実行段階と各主体の役割（2012年度）

段階 主体		①計画策定段階Ⅰ		②計画策定段階Ⅱ		③実行段階	
		課題設定	課題範囲決定	手段制約条件検討	実行計画策定	事業実施	モニタリング
行政	高齢介護課	ニーズ調査	パブリックコメント提示 目標設定、議会の承認			事業委託	再調査
	保健センター	－				事業コーディネート	－
	支所福祉グループ						
	地域包括支援センター					事業開催	
専門職（医療・福祉）	社会福祉法人	計画策定委員会				事業開催	事業報告
市民	市民代表						－
	老人クラブ					事業開催	事業報告
	市民団体						
民間	会社W		－	対象者把握		－	

注：－付記は該当する役割が無いことを示す

（筆者作成）

る。課題設定のためのニーズ調査は高齢介護課が行い、計画策定段階Ⅱでは専門家と市民代表による計画策定委員会がある。これをもとに議会の承認があり、事業が実施されていく。廿日市市では議会を通し事業を実施するため柔軟性には欠くが執行は確実である。

　入札により決定した会社Wは市内の高齢者の身体状況を把握する。把握した情報を行政に伝え、行政から介護予防事業の案内があり対象者の参加を求める。

　実行段階では、保健センターと支所福祉グループが事業をコーディネートし、高齢介護課から委託を受けた老人クラブ、社会福祉法人と地域包括支援センターが事業を実施する。旧大野地域では老人クラブの活動が合併以前から盛んであった。5つの地域の老人クラブ連合会があり、隔週1回の運動

160 第2部 分析編

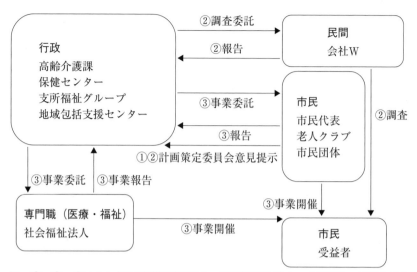

注：①、②、③はそれぞれ計画策定段階Ⅰ、計画策定段階Ⅱ、実行段階の連携を示す

図 7-6　2012 年度廿日市市介護予防事業における主体間連携
(筆者作成)

教室を開催している。事業に関する要望があれば各地域の老人クラブにおいて取りまとめ、行政に伝えられる。

その他に事業を委託している市民団体として「認知症になっても安らぎのある廿日市市をつくる市民の会」がある。この市民団体は、1971 年に開設された特別養護老人ホームにより 1995 年に廿日市市阿品に開設された廿日市高齢者ケアセンターを母体とする。認知症対応型デイサービスセンター、仲間作り、認知症専門ボランティア養成セミナーなどに取り組んでいる。

コラム 23・パブリックコメント
　意見公募のこと。行政が事業の計画案や政策案を公的に提示し、市民の意見を求め、改善に役立てるもの。自治体のホームページや広報などで一定期間に公開され、サービスの受け手である市民の意見を参考とする。自治体の政策の透明性の確保や、民意の反映につながるものの、市民がコメントできる知識や、行政側からわかりやすい提示がなければ、意見することができない。意見がなければ、合意されたものとして計画案や政策案は執行される。

② 2015年度調査

表7-14および図7-7に廿日市市介護予防事業における計画実行段階と各主体の役割（2015年度）を示す。対象者選別の段階において会社Wによる連携がなくなった理由は、制度変更による。虚弱高齢者の見極めは郵送法による全数調査を行っていたが回収率が悪い市町村があったことから費用対効果が薄く、行う必要がないと国から指導があった。廿日市市の回収率は悪くなかったそうだが、手間や費用がかかることから国の判断に従うことになったとのこと

表7-14　廿日市市介護予防事業における計画実行段階と各主体の役割（2015年度）

段階／主体		①計画策定段階Ⅰ		②計画策定段階Ⅱ		③実行段階	
		課題設定	課題範囲決定	手段制約条件検討	実行計画策定	事業実施	モニタリング
行政	高齢介護課	ニーズ調査	パブリックコメントの実施 目標設定、議会の承認			事業委託	再調査
	健康推進課（保健センター）		－			事業コーディネート	－
	支所福祉グループ						
	地域包括支援センター					事業開催	
専門職（医療福祉）	社会福祉法人	計画策定委員会				事業開催	事業報告
	五師士会		－			事業開催	事業報告
	社会福祉協議会	計画策定委員会				－	
市民	市民代表	計画策定委員会				事業開催	－
	老人クラブ						
	市民団体						
民間	会社W	－		－		事業開催	事業報告

注：－付記は該当する役割がないことを示す

（筆者作成）

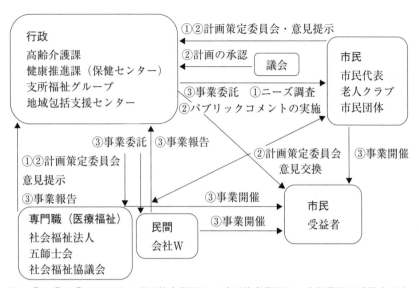

注：①、②、③はそれぞれ計画策定段階Ⅰ、計画策定段階Ⅱ、実行段階の連携を示す

図7-7　2015年度廿日市市介護予防事業の計画実行段階における主体間連携
(筆者作成)

である。新たな連携先としてあげられた五師士会は廿日市市の医師会を中心として2005年に設立されている。初めは5つの専門職が関わっていたが現在は医師会のほか、歯科医師会、薬剤師会、看護協会、福祉士会（社会福祉士、精神保健福祉士）、リハビリ士会（理学療法士・作業療法士、言語聴覚士）、介護支援専門員連絡協議会、栄養士の8つの専門職団体により構成されている。主な活動として廿日市市内の市民センターを中心に月2回、医療と福祉の相談会を行っている。五師士会との連携の理由は、制度改正や、高齢者の増加から、介護より医療の比重が高くなり、より専門的な支援が必要になったことがあげられる。

　国の指導によれば廿日市市は小学校区や中学校区を基本とした7つの圏域となるが、実際の地区は、歴史的に圏域とは異なる自治組織により分かれており、そちらの区分けによりもっと細かい協議会を設けている。2012年度から連携が変化した理由は、国の方針の変更としており、廿日市市独自の事業はな

い。すでに連携している団体が多いため、新たな連携をする予定および連携先の必要性はないそうである。

（3） 連携の変化

　次に廿日市市介護予防事業における 2012 年度と比較した際の、2015 年度の主体間連携の変化を表 7-15 にまとめる。廿日市市において連携が変化したのはいずれも計画実行段階である。この連携の変化は制度変更への対応、専門職（医療福祉）からの歩み寄りである。複数の主体の連携により、より充実した事業の発展と運営が期待される。

表 7-15　廿日市市における連携主体の変化と理由・効果

	連携主体	変化した計画実行段階	連携の変化の理由	効果
2015 年度に生じた新たな連携主体	五師士会	計画実行段階	制度改正や、高齢者の増加から介護より医療の比重が高くなったより専門的な支援が必要になった	参加者の増加参加費用の削減参加者の満足度の拡充情報共有により、きめ細かいサービスを展開できる
	社会福祉協議会	計画実行段階	制度変更（虚弱な高齢者だけでなくさらに重度の要支援に該当する高齢者の訪問および通所サービスの一部はボランティアに委ねることになっている）	地域の核となる人や、ボランティアの登録情報などにより、制度変更に対応することを期待
2015 年度役割が変化した連携主体	会社 W	計画実行段階	制度変更により対象者の把握が必要なくなった	
			事業開催の協力があった	サービスの拡充

（筆者作成）

6. ま と め

　本章においては、まず連携主体を整理し作成した介護予防事業の分析フレームにより、実際に行われている事業の計画実行段階における主体間連携の検討が可能であることを示した。介護予防事業の運営に苦渋する自治体にとって有用と考えられる主体間連携の分析の視点と事例を提示した。すべての自治体が、本書が選択した３自治体と同様のタイプに分類されるとは限らないため、実際の事業では各自治体において独自のマネジメントが必要である。この分析フレームを用いて、2012 年度と 2015 年度の介護予防事業の連携について経年的に検討した。その結果３つの自治体における介護予防事業における連携の状況は異なっており、どの自治体にも経年的に変化がみられた。

　離島の小規模な自治体である大崎上島町では2012 年度は、社会福祉協議会、県立広島大学、広島県、商工会・郵便局・銀行など多様な主体の連携により、理想的な介護予防事業の提供体制を作っていた。2015 年度には、まずモデル事業期間が終了したことにより県や県立大学の支援がなくなった。また、国の制度変更を受けて、民間との連携もなくなった。今後の介護予防事業の運営が、さらに困難となることが予想される。予算がつかなくなったことにより機能訓練事業も中止しており、虚弱な高齢者の健康維持事業は縮小している。介護保険サービス全体の連携先が確保されないことから、地域支援事業に家族介護慰労金が設けられたことも、多様な主体による介護サービスの活用の方向から逸脱している。制度変更への対応も迫られる中、長期的には国や広島県の支援体制が必要であると考えられる。しかし事業の継続のためには、町内の主体による自立的な連携が必要であろう。この地域は、主体間連携が円滑に機能しなくなるような経過を辿っている。

　大規模な市町村合併が行われた中山間地域の庄原市では、支所、自治振興区、NPO 法人などの連携、および2012 年度はトップダウンの計画策定により、全市で統一の事業を実施していた。利用者数の伸び悩みから、2015 年度は支所に予算と権限を委譲することにより、自治振興区と連携した事業運営が

行われるようになった。JAの事業参入や社会福祉協議会によるサロンの活性化により、事業は充実する方向にあるものと考える。庄原市では、国が中止の方針を示した二次予防事業の対象者の絞り込みを継続している。チェックリストを用いて対象者を選別する仕組みが出来上がった段階であり、この仕組みを継続する意向である。本来、介護予防事業の二次予防事業は虚弱な高齢者のための事業であることから、対象の絞り込みは、要介護者の増加を抑制する効果が期待される。

　最後に都市部の廿日市市では、老人クラブ、市民団体、会社などと連携し2012年度は委託により利用料金を無料にすることで参加者数を増加させていた。2015年度には専門職（医療・福祉）との連携も得られ、事業は充実する見込みである。ただし、国の意向に従い二次予防事業の対象者の選別を行わなくなったことから、参加者数が増加したとしても、本当に必要な人に事業が提供されるかは疑問がある。今後も観察が必要である。

コラム24・基本チェックリスト
　2006年度の介護予防事業の開始当初、対象者を選ぶためのスクリーニングとして用いられた。握力や10m歩行速度、片足立ちの持続時間などの体力テストの他、栄養状態、嚥下、うつ、もの忘れ、閉じこもりの程度など、自覚的な社会参加や身体状況の質問項目があげられていた。この質問項目は、在宅生活でADL（日常生活活動動作）が自立していることを前提として、さらに老研式活動能力指標をもとにしたIADL（手段的日常生活活動）、知的能動性、社会的活動性などの質問項目を用い、将来的に要介護状態となる人々を抽出する目的があった。

注
1)　2013年度に調査に行ったが、対象とした他の自治体との比較のため、2012年度の様子をあらためてヒアリング調査した。

第8章

介護予防事業における主体間連携の実態分析（その2）
— 広島県の3自治体の共通性と固有性に着目して —

　第7章においては、3つの自治体の実態把握を通して、介護予防事業における計画実行段階での各主体の役割と連携の状況が変化していく様子と経年変化が把握できた。そこで第8章においては、取り上げた3つの自治体について比較し、異なる連携の効果と課題を探る。

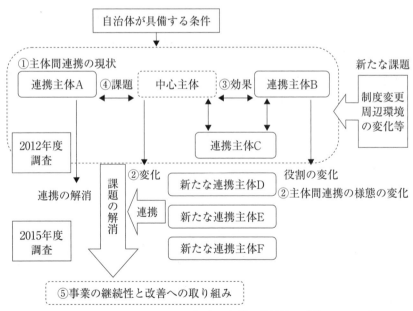

図8-1　新たな連携による課題の解決・事業の継続性と改善への取り組み
（筆者作成）

1. 分析の枠組み

分析の枠組みを図8-1に模式的に示す。まず自治体には具備する条件による差がある。以下2. では①主体間連携の2012年度の現状、3. では②2015年度の主体間連携の変化、4. では③主体間連携による効果、5. では④主体間連携の課題とその対応、6. では⑤事業の継続性と改善への取り組みについて検討する。

2. 主体間連携の現状（2012年度）

（1）連携方式の違い

公共から民間に執行を任せる場合、さまざまな方法があるが、大崎上島町と庄原市ではサービスの利用者は執行する事業提供者に利用料金を支払う。廿日市市では市からの委託料金により事業を運営しているため受託事業者は利用者から利用料金を直接は受け取らない。このことにより利用者が参加しやすくなる利点がある。

（2）比較と考察

3つの自治体の特徴を、表8-1に示す。委託・連携の費用について、第7章の調査より、介護保険のうち介護予防事業の2012年度予算は、大崎上島町10,011（千円）庄原市52,182（千円）廿日市市225,585（千円）となっており、大崎上島町が最も少なく、廿日市市が最も多い。廿日市市では委託費用に十分な予算があるものと考えられる。

まず、大崎上島町は、連携主体は社会福祉協議会、県、大学との間で、計画策定段階に連携、商工会、銀行、郵便局との間で実行段階に連携し、政策決定としてはボトムアップの手法を用いている。その長所は計画初期から市民が参加すること、短所は計画策定に時間がかかることである。次に、庄原市では、トップダウンの手法を用いている。その長所は計画策定から実行まで短時間で

168 第2部 分 析 編

表8-1　3自治体の介護予防事業運営の比較（2012年度）

市町名	連携主体と連携の段階	市民参加の形態と連携の段階	政策決定方法	長所	短所
大崎上島町	社会福祉協議会、県、大学と計画策定段階に連携、商工会、銀行、郵便局と実行段階に連携	公募市民と計画策定段階に連携	ボトムアップ、段階により連携主体が異なる	市民の声が生かされる	政策決定に時間を要する
庄原市	医療法人、社会福祉法人、社会福祉協議会に委託、商工会、郵便局と連携、計画実行段階	自治振興区と実行段階モニタリングの連携	トップダウン、段階により連携主体が異なる	政策決定に時間がかからない	行政の力量不足があると効果があげられない、市民の声が生かされない可能性
廿日市市	会社、社会福祉法人に委託、事業実施の連携	市民団体、老人クラブと実行段階事業実施の連携	議会	執行が確実	個人情報保護の課題、実情に応じた調整は困難

（筆者作成）

あること、短所として市民の意見が生かされない危険性がある。この対策として、庄原市では31の自治振興区を活用し市民の声をくみ上げる仕組みを作っている。最後に、人口規模が大きく予算があり委託先が確保された廿日市市は委託料方式を用い、事業を会社、老人クラブ、市民団体に委託していた。委託の課題として個人情報保護の問題があるが、廿日市市では情報保護の契約を交わし、会社、老人クラブ、市民団体に委託することにより事業を活性化していた。

3. 3自治体の主体間連携の変化

　ここでは2012年度から2015年度への主体間連携の変化について連携主体の変化に着目して検討する。

（1）連携主体変化の把握

　表8-2に2012年度から2015年度における3自治体の介護予防事業に関わる中心主体と、他の主要な主体の変化を示す。

表8-2　介護予防事業の中心主体の変化

市町名	2012年度		2015年度	
	中心主体	他の主要な主体	中心主体	他の主要な主体
大崎上島町	社会福祉協議会地域包括支援センター	広島県、県立広島大学、公募市民	町福祉課介護保険係	社会福祉協議会地域包括支援センター
庄原市	庄原市高齢者福祉課、保健医療課	自治振興区	高齢者福祉課、保健医療課	自治振興区、支所
廿日市市	廿日市市福祉保健部高齢介護課高齢介護係、健康推進課	老人クラブ、市民団体、議会	福祉保健部高齢介護課包括ケア推進係	五士師会（専門職（医療・福祉））

（筆者作成）

（2）比較と考察

　大崎上島町では中心主体が変化し、その変化は課題の解決のためではなくキーパーソンの退職によるものであることから事業の発展性の観点からは痛手である。2015年度のヒアリング調査では社会福祉協議会へ事業を任せきりにしてきたと述べられていた。主要な主体の変化では、これまでの中心主体である社会福祉協議会が主要な協力主体となっている。キーパーソンは退職したも

170 第2部 分 析 編

のの、中心主体との連携を強化することで、課題の解決につながるものと考える。

　次に庄原市の自治体では中心主体に変化はなかったことから、これまでの課題の解決が、他の主要な連携主体の変化によりなされていると考える。庄原市では他の主要な主体として支所をあげており、自治振興区との連携をはかることで旧自治体レベルの小さな連携を数カ所にわたり設けることができ、今後の発展が期待できる。庄原市では地域包括運営会議として年1回、行政、住民代表や医師などの専門家と会議が行われている。また7つの地区の地域包括支援センターにおいて、それぞれで多職種連携地域ケア会議を行っている。大崎上島町と庄原市において、連携先との協力関係を作るためには、まず連携主体による定期的な会議の開催が必要であろう。

　廿日市市は、国の方針に従い事業分担を組織内で変化させている。2012年度と別の担当が2015年度は中心主体になっている。2015年度の中心主体は地域包括ケアシステムの整備を踏まえて包括ケア推進係が介護予防事業の主担当者になった。また、事業の他の主要な主体も市民から専門職（医療・福祉）へと変化しており、より専門的なサービス提供につながることが考えられる。廿日市市では専門職を交えた会議を定期的に行っていることから、連携における課題は今のところ少ないが、都市部と周辺地域のサービスの差が今後拡大していくことが予想される。

4.　主体間連携による効果

（1）　効果の把握

　連携による効果は各主体間について検討すべきであるが、中心主体である行政にヒアリング調査を行い、把握可能な代理指標として、以下においては中心主体である行政への貢献としている。

　①　大崎上島町

　表8-3に大崎上島町における各主体の行政への貢献（効果）をまとめる。

第8章 介護予防事業における主体間連携の実態分析（その2）―広島県の3自治体の共通性と固有性に着目して―　*171*

表 8-3　大崎上島町介護予防事業における各主体の行政への貢献（効果）

各主体	貢献	影響する計画実行段階
専門職（調査・研究）	アンケート調査、計画策定時の課題把握、執行の確実化、質の向上	計画策定段階 I
専門職（医療・福祉）	技術的な助言、質の向上	実行段階
民間	2012 年度は連携していたが 2015 年度は連携していない	
市民	人材不足の解消	実行段階

（筆者作成）

② 庄原市

　表 8-4 に庄原市介護予防事業における各連携主体の行政への貢献（効果）を示す。

表 8-4　庄原市介護予防事業における各主体の行政への貢献（効果）

各主体	貢献	影響する計画実行段階
専門職（調査・研究）	ノウハウのアドバイス、大規模な調査による事業評価、質の向上、参加者の満足度の向上	計画策定段階 I・実行段階
専門職（医療・福祉）	事業の実施による参加者の満足度の向上、参加者の増加、執行が確実になる	実行段階
民間	対象者の早期発見、事業協力による参加者の増加	実行段階
市民	ボランティア、事業の補助による執行の迅速な提供、参加者の満足度の向上、地域の自助を促すことができる	実行段階

（筆者作成）

③ 廿日市市

　表 8-5 に廿日市市介護予防事業における各連携主体の行政への貢献（効果）を示す。

172 第2部 分 析 編

表8-5 廿日市市介護予防事業における各主体の行政への貢献（効果）

各主体	貢献	影響する計画実行段階
専門職（調査・研究）	専門的支援により執行が確実となる	実行段階
専門職（医療・福祉）	専門的支援による参加者の増加、参加費用の削減、参加者の満足度の向上、情報共有することで、きめ細かいサービスを展開できること	実行段階
民間	事業の協力による参加者の増加、参加者の満足度の向上	実行段階
市民	事業の協力による参加者の増加、参加者の満足度の向上、行政と住民が共通認識を持つことができること	実行段階

（筆者作成）

（2）比較と考察

　3つの自治体に共通する効果について表8-6に示す。主として共通の効果には課題把握、知識・技術の伝播、執行の確実化、サービスの質の向上がある。これを各主体との連携で見ていくと行政内での連携は課題把握と、責任の強化、執行の確実化として重層的な対応があげられる。専門職（調査・研究）との連携では課題把握にツールと解析技術があり、知識・技術の伝播ではツールがあり事業評価に役立つこと、執行の確実化では迅速な対応、サービスの質の向上ではモニタリングの反映による質の向上があげられる。専門職（医療・福祉）との連携では専門的知識・技術の伝播、確実な対応、専門的なサービス提供による質の向上があげられる。民間との連携では柔軟な対応による執行の確実化、多様なサービス提供があげられる。市民との連携では課題設定において意見が反映されれば妥当性のある事業が行われ、多様なサービス提供が行われる。

　庄原市と廿日市市の連携の効果の共通点としては、参加者の増加、執行の確実化があげられた。また、庄原市のみに見られた効果では迅速な提供、認知症の高齢者の早期発見に役立つこと、廿日市市のみに見られた効果では情報共有することで、きめ細かいサービスを展開できること、行政と住民が共通認識を

第8章 介護予防事業における主体間連携の実態分析（その2）－広島県の3自治体の共通性と固有性に着目して－　*173*

表8-6　各自治体に共通する効果

各主体	共通の効果			
	課題把握	知識・技術の伝播	執行の確実化	サービスの質の向上
行政内	責任の強化	－	重層的な対応	－
専門職（調査・研究）	ツールと解析技術	ツールがあり事業評価に役立つ	迅速な対応	モニタリングの反映による質の向上
専門職（医療・福祉）	－	専門的知識・技術	確実な対応	専門的なサービス提供
民間	－	－	柔軟な対応	多様なサービス提供
市民	意見の反映	－	柔軟な対応	多様なサービス提供

注：－は該当する特徴無し

（筆者作成）

持つことができることがあげられた。いずれも質の向上に繋がる効果と言える。

　宮川・山本（2009：pp.66-67）は公的サービス供給における多様な連携の利点として、①専門化、②イノベーションの促進、③スピードと柔軟性、④サービス範囲の拡大をあげている。事例の分析においても①から④の効果が確認された。①の専門化については、各自治体に共通する効果であり、専門職（調査・研究）との連携は、これまでの行政単独のサービスにはなかった事業の見直しや分析の視点を提供している。また、専門職（医療・福祉）との連携では、サービスの質の向上に役立っている。

コラム 25・イノベーション

　技術革新。企業の連携の大きな目的は、組織相互が持つ技術が学習発展し、希少な資源を調達できることによる技術革新である。このような方法により企業では、他企業との競争に勝つことができる。行政サービスにおいても他の主体との連携により技術革新が期待される。行政サービスにおけるイノベーションは、他の自治体との競争に勝つためではなくサービスの質の向上に役立てられる。

174 第2部 分 析 編

次に、各自治体により異なる②〜④の効果を表8-7にまとめる。

人口規模や市町村合併の影響など、各自治体の具備する条件は異なるが、介護予防事業の質の向上に関して、主体間連携が最も効果を上げているのは庄原市である。

表8-7　各自治体における固有の連携の効果

市町名	②イノベーションの促進	③スピードと柔軟性	④サービス範囲の拡大
大崎上島町	−	−	−
庄原市	○自治振興区の要請による活動的な高齢者への事業	○支所ごとの企画立案、自治振興区ごとの事業	○活動的な高齢者まで網羅
廿日市市	○五師士会による医療福祉の総合相談、市民団体による認知症対策	−	○総合相談

注：−は該当無し

(筆者作成)

5. 主体間連携における課題とその対応

(1) 課題の把握

① 大崎上島町

表8-8に大崎上島町における連携においての課題をまとめる。大崎上島町では連携主体が足りないという認識はあるが、課題の整理がなされておらずやみくもに多くの主体との連携を希望している。

計画策定段階Ⅰにおける課題は、市民との連携により解消されるものと考えられるが、このことが認識されていない。計画策定段階Ⅱにおける課題は、事業内容の方向付けが曖昧であるということであるが、認識していない。これらは事業の運営に関わる重要な課題であり、町行政と社会福祉協議会との連携関係の曖昧さから生じている。実行段階の課題は、連携主体を絞って的確な連携の交渉や手続きを実施することによりある程度は解決さ

第8章　介護予防事業における主体間連携の実態分析 (その2) ―広島県の3自治体の共通性と固有性に着目して―　*175*

表8-8　大崎上島町介護予防事業における行政にとっての主体間連携においての課題

連携対象	課題	課題となる計画実行段階
専門職（調査・研究）	ニーズ調査をしてもらっているが、町外部に委託しているため、町独自の課題が問題としてあげられない	計画策定段階Ⅰ実行段階
専門職（医療・福祉）	老健の職員なので事業にかかわる時間に制約がある	実行段階
民間	インセンティブがなく連携できていない	実行段階
市民	ボランティアとして一部の人に参加協力を得ているのみ	実行段階

（筆者作成）

れると考えられる。

②　庄原市

　表8-9に庄原市介護予防事業における各連携主体との連携においての課題を示す。現在の連携における課題では専門職（調査・研究）との課題はない。ツールがありスピーディでよいと回答された。今後、大学との連携がで

表8-9　庄原市介護予防事業における行政にとっての主体間連携においての課題

連携対象	課題	課題となる計画実行段階
専門職（調査・研究）	なし、ツールがありスピーディでよい。今後、大学との連携ができれば統計的評価を期待する。	計画策定段階Ⅰ
専門職（医療・福祉）	多忙であるため時間が取れない	実行段階
民間	お互いにメリットがあれば協力しやすい。複数あるため連携するインセンティブと手段が不明。民間側も行政に何ができるかわからない。	実行段階
市民	なし	

（筆者作成）

176 第2部 分 析 編

きれば統計的評価を期待しているとのことである。計画策定段階Ⅰの連携の
課題である。

　専門職（医療・福祉）との連携では、多忙なため時間が取れないことを
あげていた。民間との連携では、お互いにメリットがあれば協力しやすい
が、連携するインセンティブと手段が不明と感じている。これらは実行段階
の連携における課題である。

③　廿日市市

　廿日市市介護予防事業における主体間連携においての課題を表8-10に示
す。

　現状の連携において問題はないものの、廿日市市では中心の都市部と、
人口が少なく高齢化率の高い周辺地域におけるサービスの間に格差がある
ことが問題となると考えられる。これは、実行段階の連携の課題として挙げ
られる。

表8-10　廿日市市介護予防事業における行政にとっての主体間連携においての課題

連携対象	課題	課題となる計画実行段階
専門職（調査・研究）	専門性の効果的な活用が必要となる	計画策定段階Ⅰ
専門職（医療・福祉）	五師士会の活用、専門職が忙しいため協議会の日程調整が必要となる	実行段階
民間	事業参加者の意見集約が必要となる	実行段階
市民	事業の企画力が画一化しやすい	実行段階

（筆者作成）

（2）比較と考察

　まず、3つの自治体に共通する課題として、行政内の連携では責任所在が曖
昧になること、専門職（調査・研究）との課題では、妥当性のない分析による
課題のずれがあげられる。専門職（医療・福祉）との課題では時間調整の困難
さ、他の主体に対する影響力の強さがあげられる。民間との連携ではコンセン
サス（同意形成）を得ることの困難さがあげられる。市民との連携ではインセ

第8章 介護予防事業における主体間連携の実態分析（その2）－広島県の3自治体の共通性と固有性に着目して－　*177*

表8-11　各自治体に共通する主体間連携においての課題

主体	共通する課題
行政内	責任の所在
専門職（調査・研究）	課題の焦点化
専門職（医療・福祉）	時間調整の困難、他主体への影響力に調整が必要
民間	コンセンサス
市民	インセンティブ、参加の仕組みづくり

（筆者作成）

ンティブを得ることや参加の仕組みが必要になる。各自治体に共通する課題を表8-11に示す。次に大崎上島町において専門職（調査・研究）との連携では、行政側のニーズと調査報告がミスマッチであること、大学などの連携先が減少していることがあげられた。市民に対しては大崎上島町では一部にしか協力が得られないこと、廿日市市では市民の協力を得ているが事業提供における画一化が問題となっている。

　久保（2010）によれば、政策過程の参加では、計画実行段階の各段階において影響力のある主体は異なり、行政主体は主に立案・決定段階に、市民社会組織は立案・執行段階において影響力を持ちやすいとされる。立案段階に市民社会組織が参加することは、正統性の確保、意見聴取のコスト低減につながる。

　この点において、2012年度の大崎上島町に見られた公募参加の市民は、計画策定段階Iの課題設定において、重要な役割を果たしていたと考えられる。継続されることが望ましかったが、2つの課題があった。一つは、課題の範囲決めの段階までに、時間がかかりすぎたことである。各自治体において、2012年度の介護保険計画が策定された時期、10年ごとに策定される健康増進計画の中間見直しがなされていた。この健康増進計画と介護保険計画は、整合性を持ったものと位置付けられており、高齢者の介護予防、健康維持は両計画に述べられていた。もともと大崎上島町の公募市民は健康増進計画の策定に募集されており、その意見は2012年度の両計画に反映された。しかし介護保険計画は3年ごとに策定されており、2015年度は市民を活用できなかった。もう一

178 第2部 分 析 編

つの課題は公募市民が、本当に市民社会組織の代表だったのかということである。2012年時のヒアリング調査によれば公募により集まった市民と、行政職員の知人が含まれていたとされている。2015年度には介護保険計画における計画策定段階は、町外部の専門職（調査・研究）に委ねられ、公募市民の意見を集約する代わりに、アンケート調査によるニーズ把握と課題設定が行われるようになった。庄原市でも、この課題設定の段階は専門職（調査・研究）に委ねられており、市独自の課題が設定されているか検証が必要である。これに対して庄原市では、自治振興区や顔の見える行政単位である支所が一定の役割を担っているものと考えられる。大崎上島町も、合併前の町単位の自治会で集まる機会を作り、計画策定にその意見を反映させることを提案する。廿日市市では、市がアンケート調査を行っており、計画策定委員会による参加は計画策定段階Ⅰ、Ⅱにみられる。この委員会が市民の課題を焦点化するものであればよいが、形骸化したものであれば事業の妥当性がみられなくなる。

　計画策定段階Ⅱでは、予算の決定を行うが大崎上島町、庄原市では行政の担当者が担い、廿日市市では議会の承認がある。議会の方が、より民意を反映することになるものと考えられる。庄原市では、各支所に予算の配分の決定を移譲したことが、2015年の事業の活性化につながるものと考えられるが、今後は各支所間のサービスの格差への監督が必要となる。

　実行段階では、庄原市、廿日市市では市民の参加があり、高齢化の問題を自分たちの問題としてとらえているものと考えられる。廿日市市の都市部では介護保険以前から認知症の市民団体があり、高齢化への問題意識があったものと考えられる。ただし、廿日市市の大きな課題は、市民の活動が盛んな都市部ではなく周辺地域にある。都市部では、その周辺に高齢化が進行する市町村を統合している。廿日市市の各地区の高齢化率は、中心部の廿日市地区の23.1％、周辺の佐伯地区は33.1％、吉和地区は49.1％、大野地区は28.1％、宮島地区は42.2％となっている。このような周辺地域に中心地域と同様のサービスをどのようにして提供するかは自治体全体の課題である。市民との連携が進んでいるのは中心部であることから、周辺地域の対策に関しては特に地域包括支援センターと専門職（医療・福祉）との連携の強化が必要であろう。

第8章　介護予防事業における主体間連携の実態分析（その2）―広島県の3自治体の共通性と固有性に着目して―　*179*

　各自治体における課題は、自治体の具備する条件である規模、高齢化、地理的状況、合併の影響、連携主体の確保により異なるものと考えられる。それぞれの影響因子と課題の状況を表8-12に示す。

　また、表8-13に示すように、制度変遷に伴う課題も自治体ごとに異なる。

表8-12　自治体の具備する条件により異なる課題

影響を与える因子		
予算の不足	（大崎上島町）小 ← 自治体の規模 → 大（庄原市・廿日市市）	監督の手間
若年者層のコンセンサス	（廿日市市）低 ← 高齢化 → 高（大崎上島町・庄原市）	人材不足
インフラ不足	（大崎上島町）温暖・島 ← 地理的状況 → 寒冷・山間（庄原市）	冬季の対応 交通手段の確保困難 見守りの手間
人材不足 専門職の不足	（大崎上島町）小 ← 合併の影響 → 大（庄原市・廿日市市）	調整の手間 中心地域と周辺地域の差
サービス不足 人材不足	（大崎上島町）少 ← 連携主体 → 多（廿日市市）	調整・監督の手間

(筆者作成)

表8-13　各自治体に固有の主体間連携における課題

大崎上島町	小規模な自治体。主体は限られ取引費用は小さいが、事業の効率性は低下、質の確保も困難。
庄原市	規模は大きいが、行政以外の連携主体が少ない地域。行政内のネットワーク化により問題解決力を高める。複雑な問題に対して決定と執行が速くなる。問題の優先度の不一致、行政が能力不足の場合、事業の効果をあげられない。
廿日市市	行政以外の分担が大きく主体が多様化する都市部。多くの資源が動員されるが、活動の重複や資源の浪費も起きる可能性がある。

(筆者作成)

180 第2部 分 析 編

コラム 26・取引費用

　何かを購入する際、そのサービスや商品が信頼できるものなのか、選ぶため
に迷う。適切なものを選ぶために情報を集め、時間と労力を要する。これを費
用とみなしたものが取引費用である。初めから迷う選択肢がなければ費用はか
からない。また、とても信頼できる情報が身近にあれば、費用は最小限に抑え
られる。

---

6. 事業の継続性と改善への取り組み

（1） 事業移行の実態

　ここでは、事業の継続性と改善への取り組みを検討することをねらいとし
て、機能訓練事業から介護予防事業、既存の介護予防事業から介護予防事業総
合事業への移行について比較し、その移行によって生じた課題を整理する。介
護予防事業総合事業への移行の日程について、ヒアリング調査では、表8-14
のように回答を得た。なお、以下の文中にあるA型、B型、C型は新総合事
業における訪問通所事業の新しい区分を指す。A型は規制緩和型（サービス
提供者は専門職とボランティア）、B型は市民活用型（サービス提供者はボラ
ンティア）、C型は短期限定サービス（サービス提供者は専門職）である。

① 大崎上島町

　大崎上島町では、介護予防事業の開始の前から虚弱高齢者対策である機
能訓練事業は継続されており、この事業は2014年度まで予算が確保され、

表8-14　機能訓練事業および介護予防事業総合事業への事業移行の状況

	機能訓練事業の終了	介護予防事業の開始	介護予防事業総合事業への移行予定
大崎上島町	2015年3月	2006年11月	2017年度までのできるだけ早い時期に
庄原市	2006年以前	2006年10月	2017年度末
廿日市市	2012年3月	2006年10月	2015年度内

（筆者作成）

実施していた。町福祉課から地域支援事業の予算を与えられ、社会福祉協議会の地域包括支援センターが行っていたとのことである。国の変化に合わせないと予算がつかないことから独自の事業としていた機能訓練事業は2015年度に終了している。2012年度から2015年度の事業内容の変化としては、重点事業として新しい総合事業に向けた、在宅、生活、認知症対策をあげていたが連携先の確保が困難な様子であった。

　新しい総合事業に関しては、新制度のＡ型・Ｂ型・Ｃ型のいずれの事業を提供するのかは未定とのことである。現在、住民主体のサービスを提供するためのリーダーがいない。社会福祉協議会を昨年定年退職した人が、町の非常勤職員として勤務することから、その人に対してコーディネーターへの期待がある。社会福祉協議会の呼びかけによりできたものであるがボランティア団体やNPOがある。しかし、これらの間で連携が取れていないことを課題としていた。

② 庄原市

　機能訓練事業の終了と介護予防事業の開始に注目すると機能訓練事業を最も早く中止したのは庄原市である。庄原市では丁度この時期、市町村合併により庄原市中央に集権した保健事業体制の確立を図っており、個別の市町村が行っていた機能訓練事業を中止し介護保険介護予防事業に統一した。

　次に新しい総合事業に関して、現行相当と緩和Ａ型を行うことになると考えているとのことである。他の市町村ではコーディネーターを置いているようだが庄原市では高齢化が先行しており、コーディネーターのなり手が見つけられない。Ｂ型事業のようにボランティアを要請するのは困難であり、シルバーリハビリ体操のように高齢者がリーダーとなり体操を続ける環境を維持することが優先されるとのことである。

③ 廿日市市

　廿日市市では介護予防事業が軌道に乗るのを見計らい2012年度に機能訓練事業を中止している。廿日市市からの回答は以下のとおりであった。2015年度現在、新しい総合事業には来年度4月から行う予定で予算および事業を考えているとのことである。国の方針に従い、介護予防事業の二次予

182 第2部 分析編

防の選別は廃止した。特に国の方針ではないが、廿日市市では認知症に関連した市民団体があることから認知症対策は予算も大きくなっている。

　総合事業への移行を2016年度の4月としたのは県内のみならず全国の中でも早いと感じているとのことである。早く移行したほうが事業の規準額、補助金の上限が高くなることが理由である。担当者としては緩和型ヘルパーを資格の無い人にやってもらうこと、単価を下げることについて事業者に同意を得るのは難しいと述べている。そこで事業者に対しては説明会を開いたとのことである。廿日市市の社会福祉協議会は事業所を持っておらず事業提供はできないため、住民主体のB事業のコーディネートを社会福祉協議会にお願いしたいと考えている。また、同事業に、組織率の高い廿日市市の老人クラブも活用したいと考えている。

　総合事業の提供については地域包括ケアシステムとも連動しており、整備を考えている。国が示す地域包括ケアシステムの範囲は廿日市市では7カ所になるが、合併前の基礎自治体や自治区により展開する方が市民の合意を得られやすい。そうすると20カ所くらいになるため小規模なネットワークが必要になる。廿日市市の周辺部には人口減少と高齢化率の高い地域が含まれるため、早急なサービス整備が必要である。

（2）比較と考察

　3つの自治体における機能訓練事業および介護予防事業の総合事業への移行はそれぞれが特徴的である。大崎上島町は人口約8,000人の離島であり小規模自治体であるため、連携先や予算確保の困難さが事業の運営に影響を与えている。長期的には国や県の支援策として、人的資源の応援や補助金が必要であると考えられるものの、町外部からの不安定な連携や支援をあてにしてきた結果、現在の状態がある。現在、町が自立した自治のもと介護予防における主体間連携を改善するならば、計画策定段階Ⅰに合併以前の自治会組織を活用すること、町と社会福祉協議会の役割と連携体制を整えること、実行段階における連携主体について的を絞って確保することが必要と考える。

　庄原市は合併により面積が広大となった中山間地域であり人口約4万人であ

り、現在は旧基礎自治体の活用により事業運営の活性化が図られている。事業の評価をふまえ、2012年度から2015年度にかけて、事業の方法を変更したのは庄原市のみである。旧自治体の活用の観点では庄原市の取組は注目するものがあり、基礎自治体よりさらに細分化した住民に身近な自治組織に対して、予算を配分し裁量を委ねる方法が取られている。各支所に予算を配分し事業内容の決定の権限を与えたことから、事業の活性化が見込まれるが各支所間のサービス格差を監督する必要がある。今後の人口減少や高齢化に対応するには、いくつかの支所や自治振興区が再統合することが予想される。そうなれば、広い自治体内の移動手段の確保や情報共有の手段が必要となるものと考える。

　廿日市市は都市部であるが周辺の小さな町を合併しており人口約11万人である。現在は予算と連携先が十分に確保されており事業は拡充する見込みである。多様な主体が協力的ではあるが、その調整も必要とされる。専門職（医療・福祉）との強力な連携は、これまで形成されてきた他の主体との連携体制に影響を及ぼすことも予想される。また、自治体の周辺地域の高齢化と過疎に対策が必要とされている。担当者が述べていたように、国が地域包括ケアシステムの範囲とは異なる範囲の設定において、これまでの市民の互助を活かす取組と都市部の資源を活用することが検討されている。このように事業の運営と課題は、自治体の規模、高齢化、地理的状況、合併の影響、自治体に存在する連携主体により異なるといえる。

7.　ま　と　め

　本章においては第7章に取り上げた3自治体間の比較により、主体間連携の効果と課題、主体間連携における課題の相違、効果的な主体間連携、事業の継続と発展について検討した。これらの視点から、第7章で述べた3つの自治体の経年的な実態分析の結果を改めて整理するとともに、介護予防における政策の形成と実施の在り方について考察した。

　まず、①主体間の連携によって介護予防事業はどのような効果をあげ、どのような課題があるのか。共通する効果では行政内での連携では重層的な対応に

184 第2部 分 析 編

よる執行の確実化、専門職（調査・研究）との連携では、ツールがあり迅速な執行、事業評価に役立つことがあげられた。専門職（医療・福祉）との連携の効果では専門的知識・技術による知識技術の伝播や、質の向上があげられる。市民との連携では、柔軟な対応とサービスの多様化がある。主体間連携の変化という面からみると自治体ごとに異なる効果として、主体間連携が持続し発展した地域の事業においては、連携過程の全体を通して事業の内容に充実が図られ、他の地域にはない事業が生まれた。公的サービスにおいて多様な主体間連携によりイノベーションが起きたということである。

　各連携主体と共通の課題では、行政内の連携では責任の所在が不明確になること、専門職（調査・研究）との課題では国の示すアンケート調査項目から一歩踏み込んだ調査がなされない場合、自治体ごとに抱える課題に焦点が絞られないことがある。専門職（医療・福祉）との課題は時間調整の困難、他主体への影響力に調整が必要なこと、民間との連携ではコンセンサス、市民との連携では参加へのインセンティブ、参加の仕組みづくりがあげられる。計画策定段階Ⅰでの市民との連携により地域の実情に合った課題設定が可能となるという効果が期待できるが、参加の重要性が自治体に認識されていないこともまた課題である。

　②自治体間における主体間連携における課題の相違は何によるものか。まず、自治体の具備する条件である規模、高齢化、地理的状況、合併の影響、自治体に存在する連携主体により相違がある。また、行政による各主体との連携の調整によっても、課題の相違がみられる。小規模な自治体である大崎上島町においては、連携の継続が行えなかったため、中心主体の変化、連携主体の欠如、連携主体との関係における困難がみられた。規模は大きいが行政以外の主体の関与が少ない庄原市では、集権的な運営から支所ごとの運営への変更を行ったため、それによる監督の手間、予想される支所間の格差が生じている。さらに進行する高齢化に伴う支所や自治振興区の統合が予想される。多数の主体の連携がある都市部の廿日市市では、多くの連携主体を確保したものの、主体間の連携の調整、周辺地域のサービス整備が課題としてあげられた。

　③主体間連携を効果的に働かせるために、考慮すべき事項は何か。主体間

連携を効果的に働かせるためには、まず的確な実態把握が必要である。なぜなら、事業の計画実行段階に応じた、主体の連携が必要となるからである。計画策定段階Ⅰでは、市民の連携により課題設定が妥当性を得る。計画策定段階Ⅱでは、自治体により異なる中心主体が、他主体の資源を調整し事業の方針を決定する。実行段階では、多様な主体が連携することだけでなく、連携主体の調整により内容を充実させ、サービスの質を向上させることが重要となる。このような主体の役割を自治体が認識し、そこに足りない主体を的確に把握し充足を図ることが必要である。

　④環境の変化に対応しながら事業が継続するにつれ、連携の態様と課題はどのように変化してきたのか。各自治体の事例を通し、制度変更や中心主体の変化、自治体内部の社会資源や人口の変化などに対応して、連携の態様は変化していることを確認した。効果をあげられた自治体は、環境の変化に応じて、その自治体内の社会資源を活用し、新しい連携関係を構築している。そして制度変更という新たな課題に対処している。庄原市では行政内の連携について支所の役割を変化させ再構築した。廿日市市では専門職（医療・福祉）と行政の新たな連携関係を構築した。つまり連携を変化させることにより、制度変更に対応している。連携主体の確保が困難な自治体もあるが、このような自治体においても事業の計画実行段階で的確な主体と連携をとることにより対応可能と考えられる。また、制度が変化し連携が変容することによって課題は複雑化する。新たな連携の構築や連携する主体間の調整、監督の手続きは増大する。庄原市では支所間の格差の課題や監督の必要性が生じ、廿日市市では連携主体間において一層の調整が必要になっている。ただし、事業の計画策定段階から実行段階への政策過程の構造は変化しない。自治体の地理的特徴や、合併の状況など、自治体ごとに具備する諸条件の相違によっても生じる課題は異なるが、分析の視点として本研究において作成したフレームが有効と考える。それらの課題を的確に捉え連携の効果を上げるためには自治体内の状況の変化や制度変更の都度、計画策定と実行の段階に照らして、いずれの段階の課題が生じたかを確認すれば改善につなげることができる。

　本章では、各自治体の介護予防事業における主体間連携の実態をとらえ、そ

186 第2部 分析編

の効果とともに、各自治体が抱える課題を把握し、課題の内容をふまえた改善
方向を提示した。また、本論文が提案した分析フレームの活用により、介護予
防における政策の形成と実施における課題分析の手法を示すことができたもの
と考える。

コラム 27・シルバーリハビリ体操、いきいき百歳体操
　介護予防事業に用いられている健康維持のための体操は、各自治体により異
なる。シルバーリハビリ体操といきいき百歳体操は、現在（2017 年度）全国の
多くの自治体で行われている。シルバーリハビリ体操は関節の運動範囲を維持
拡大するとともに筋肉を伸ばすことを主眼とする体操であり、茨城県立健康プ
ラザ大田仁史管理者が考案した。いきいき百歳体操は重錘バンド（重りのバン
ド）を用いた筋力トレーニングであり、高知市が開発した。新しい総合事業で
は、理学療法士や作業療法士などリハビリテーションの専門家が市民に運動を
指導し、自主グループの立ち上げ支援を行っている。まず体力測定を行い、体
調を問診によりリスク管理し、運動を指導する。運動のグループでリーダーが
育てば、専門化の関与は少なくなっていき自主グループになる。介護予防には、
身近な場所で、手軽に安全に、継続的に行える運動が好ましい。

第 **9** 章
結　　論

　本書は介護予防・地域統括ケアを主題として、公的サービス提供のための制度移行によって生じた課題、その対応としての主体間連携について検討したものである。これまで、医療福祉分野における連携の研究においてはケアを必要とする人に対するサービス提供場面の連携を主な対象としており、健康維持の分野やサービス提供に至るまでの主体間連携の過程の検討は十分に扱われていなかった。また、連携そのものが良きものとして扱われており、なぜ連携するのか、その効果と課題は何であるかについては十分に論じられてこなかった。本書は政策形成過程に着目し、医療福祉に関する主体間連携を分析するフレームを作成し、経年的な実態把握により、連携の変化を検討したものである。本章では明らかとなったこと、その意義と残された研究課題について論じる。

1.　主体間連携に関わる発見事実

　本書の中心課題である主体間連携に関わる問題意識は、①多様な主体間連携により介護予防事業は効果を上げているのか。②地域差はあるのか。③制度移行による課題は生じているのか。④主体間連携の効果と課題はどのようなものかということである。以下ではこれらの点について検討し得られた発見事実をまとめる。

　①多様な主体間連携により介護予防事業は効果を上げているのか。介護予防事業において公的サービスは、徐々に多様な主体による連携によって提供されており、参加者を増加させていた。事業予算における委託予算割合は 2007 年

188　第2部　分析編

度から2010年度にかけて増加していた。2010年度においては事業予算と委託
予算の間に正の相関が見られ、多様な主体による提供体制の構築が進んでいる
ことが示された。また、多様な主体間連携により、サービスの質が向上してい
た。具体的には、事業の専門性の向上、イノベーションの促進、サービス提供
のスピードと柔軟性の向上、サービス範囲の拡大がみられた。

　②地域差はあるのか。広島県全域では、都市部と比較して中山間や島嶼部に
おいて、民間サービスが参入せず連携先の確保が困難となっていた。介護予防
事業と目的および対象が類似する機能訓練事業は総人口、高齢者一人当たりの
事業予算額、介護予防事業の参加者、健康維持の自主グループ数、年間のボラ
ンティア講座数が少ない自治体において継続されている傾向があった。機能訓
練事業は、介護保険サービスや自主グループによって補完されており、介護予
防事業が軌道に乗っている都市部では中止されていた。2007年度から2010年
度までの調査から、介護予防事業における参加者数の差異は拡大していた。そ
こで期待されるのが、多様な主体間連携によるサービス提供である。事業が円
滑に運営されている自治体は連携先の確保に加え、中心主体の役割、計画策定
段階における各連携主体の役割が示された。本研究が対象とした事業の連携で
は、市民や専門職（医療・福祉）の役割だけでなく、専門職（調査・研究）や
民間の協力があった。しかし自治体の具備する条件や、連携によっても地域差
がみられた。

　次に自治体の規模、合併の影響、地理的特徴、自治体に存在する連携主体に
より異なる連携の態様を以下に示す。小規模な離島である大崎上島町では民間
サービスが参入しないため社会福祉協議会や大学、広島県と連携していた。広
大な面積、大規模な合併のあった中山間部の庄原市では、支所に対して予算を
配分し裁量を委ね、基礎自治体よりさらに細分化した自治振興区と連携してい
た。都市部の廿日市市は委託先の確保に加え、市民団体や老人クラブ、専門職
（医療・福祉）の連携があり事業が円滑に運営され、新しい総合事業への準備
がなされていた。ただし合併により広がった周辺地域のサービス整備が課題と
なった。

　③制度移行による課題は生じているのか。制度は機能訓練事業から介護予防

事業へ移行し、さらに新しい総合事業へ移行しつつある。まず、行政担当者が感じている課題は、移り変わる国の指針の変化に対して事業を変化させなければならないことである。介護予防事業については3年ごとの見直しにより方法が大きく変化し、自治体職員はその対応に振り回されていた。

　次に自治体ごとの課題では、大崎上島町においては2012年度に多様な主体間連携がなされていたが2015年度には中心主体の変化、連携主体が欠如していた。さらに機能訓練事業の予算もなくなり、代替するサービスもなくなっていた。大崎上島町のような小規模な自治体では主体は限られ、その特徴として取引費用は小さいが、事業の効率性は低下し質の確保も困難になることがあげられる。庄原市では支所の活用により介護予防事業の体制ができたばかりであり、新しい事業への移行の準備はできていなかった。庄原市においては、集権的な運営から支所ごとの運営への変更を行ったことから支所間の格差と監督の手間が予想される。庄原市のような規模は大きいが行政以外の連携主体が少ない地域では、行政内でのネットワーク化を高めて問題解決力を高めようとしていた。複雑な問題に対して決定と執行が速くなるが、問題の優先度の不一致や、行政の能力が不足すれば事業の効果をあげられなくなる可能性があった。廿日市市では、制度変更への対応として構築された多様な主体との連携の調整が課題としてあげられた。廿日市市のような行政以外の分担が大きく主体が多様化する都市部では、多くの資源が動員されていたが、活動の重複や資源の浪費も起きる可能性があった。

　④主体間連携の効果と課題はどのようなものか。まず連携主体として行政、専門職（医療・福祉）、専門職（調査・研究）、民間、市民がある。これらの主体は計画実行の各段階において異なる主体が必要に応じて連携しており、その効果と課題は連携する計画実行段階により異なる。各自治体に共通する主体間連携の効果と課題を以下に示す。専門職（調査・研究）との連携では、計画策定段階においてツールがあり迅速な執行、モニタリングの段階で事業評価に役立つこと、課題としては、国の示す項目より詳細な調査がなければ、自治体固有の課題に焦点が絞られないことがある。専門職（医療・福祉）との連携の効果では専門的知識・技術によりサービスの質の向上があげられ、課題では影響

190 第2部 分 析 編

力の強さや調整の困難があげられた。民間との連携の効果としてサービスの多様化という質の向上があげられ、コンセンサスを得ることの困難が課題としてあげられた。市民との連携では、計画策定段階での意見提示により地域の実情に合った課題設定が期待できるが、参加の重要性が自治体に認識されていないこと、参加の仕組づくりが課題である。経年分析では、課題解決と制度変更への対応として、連携内容を変化させた自治体では、主体間連携は事業の質の改善に役立っていた。

連携主体が存在していても、政策過程の計画実行の各段階に応じた的確な連携でなければ効果をあげられない。これまでの研究では、この部分が明確ではなかった。事業の実施段階のみに注目し、この段階での連携を充実することが研究されてきた。公的サービスは事業実施の前の計画策定段階が重要であり、この段階の連携内容が十分に検討されなければ、提供されるサービスは妥当性を欠くことになる。地域の実情に合わないサービスは継続されず、発展しない。多くの自治体において介護予防事業が円滑に運営できなかった大きな理由としては、計画策定段階における連携をそれほど重視せず、国の示す画一的な手法による事業実施を用いたことであると考える。

2. 政策形成における自治体の役割

高齢化は国民が認識する共通課題であるため、多くの同様なサービスが整えられてきた。しかし、国から定まった方針が出されても、各自治体における高齢化率、地理的条件、地域社会の実情などは異なっており、現場においての具体的な対策には違いがある。介護保険制度の事業主体として市町村が定められた背景には、具体的なニーズを把握すること、それらのニーズに応える上では市町村の規模が最適であると判断されたことによる。

このように市町村には重要な役割が求められているが、この点に関して真山（2001：pp.117-118）は介護や高齢化といった国民の誰もが認識する課題に対する政策形成の問題点を以下のように指摘している。まず①問題を政策課題とするかという議論を検討する余地がなく時代や社会の流れにあわせるしかな

い、②すでに多くの現象が深刻化しているので対症療法的に問題を解決することが精いっぱいになる、③本質的な問題や今後の問題の展開を議論する余裕がない、④誰もが発見可能な問題であるためさまざまなデータ・指標・文献・意見を統合して専門的に問題を定式化していく能力が自治体に育たないこと、以上があげられている。このような政策形成における問題の解決は各自治体の裁量に委ねられており、そこには主体間連携における課題分析と対応が求められていると考える。本書に示した政策過程における分析の視点は、自治体の政策形成に役立つものと考える。

　環境の変化に対応し事業を継続するためには、変化に応じて、各自治体内の社会資源を活用し、新しい連携関係を構築すること、新たな連携の構築や連携する主体間の調整、監督の手続きを増大させること、地理的特徴や、合併、連携の状況は異なるが、分析として本研究において作成したフレームが有効であることを確認した。このことから連携主体の確保が困難でも、分析により、事業の計画実行段階での的確な主体と連携をとることにより対応可能であるものと考える。

　主体間連携を効果的に働かせるためには計画実行段階に応じた主体間の連携が必要である。計画策定段階Ⅰでは市民の連携により課題設定が妥当性を得る。計画策定段階Ⅱでは中心主体が他主体の資源を調整し事業の方針を決定する。実行段階では連携主体の調整によりサービスの質を向上させる。実行段階のモニタリングから事業の見直しを図る。このような主体の役割を自治体が認識し、足りない主体を把握し充足を図ることが重要である。

3. 本書に期待される社会的貢献

（1）学問上の貢献

　まず、1点目として制度変遷について市町村という範囲を選択し、その実態を分析したことがあげられる。限られた地域においての検討であるが汎用性の高い地域を選択した。これまで制度変遷や政策分析として国や都道府県を観察した研究はあるが、基礎自治体である市町村の事業経過と政策過程を観察した

192 第2部 分析編

ものは少ない。基礎自治体における一事業の詳細な観察により、国の一律の事業案とは実際の運営が異なることを示した。市町村が運営する事業は、同一県内であっても、その市町村の特徴により多様である。これは、自治体の公的サービスにおける格差が広がる可能性を示している。介護保険制度をはじめ地方分権により、ますます市町村の役割や裁量が大きくなっている。分析する自治体レベルとして市町村を選択したことにより、詳細な分析が可能であり、かつ今後の政策形成への応用の可能性がある。地方分権における政策形成に寄与したことが1点目の貢献である。

　2点目は、期間として10年間のタイムスパンのもとで調査を行ったことがあげられる。経時的に事業を捉え分析したことにより、スポット的な事例観察では得られない課題の把握が可能であったものと考える。一時点において好ましい事例が変化し、事業がうまくいかなくなる事例を確認した。そこで考えられるのは、国や県が示すベストプラクティスを模倣し、運営できたとしても継続できない可能性があるということである。円滑な事業を継続できない理由としては、条件不利地域であるだけでなく、主体間連携を活用できないことがあげられる。活用できない理由は、主体間連携の分析を行っていないためである。事業がうまくいかなくなる事例を確認し、解決案を提示したことが2点目の貢献である。

　また、制度変遷の時期に経年的に事業評価を行ったこと、市町村合併が終了した時期であったことから、その影響についても分析することができた。市町村合併のメリットとしては自治体の規模が大きくなることから、政策形成能力が向上すること、サービスの多様化・高度化があげられていた。しかし合併による政策形成能力の向上について、確かな効果があげられているとは言い難いことを確認した。また、市町村合併のデメリットとして、中心市町から離れた周辺部に格差が生じること、周辺部は役所が遠くなることにより声が届きにくくなること、サービスを利用しにくくなることがあげられていた。このような課題を解決するために、旧自治体の歴史をふまえた自治組織の活用があげられる。

　3点目の貢献として、公的サービスにおける主体間連携の分析フレームを構

築したことがあげられる。これまでも介護予防にかかわる連携について検討された先行研究は見受けられるが、多くは事例提示にとどまっている。その理由として、保健分野では専門職同士の連携は確立されてきたが、介護予防事業のような多様な主体をどのように活用するかが分析できていなかったこと、事業の実施段階のみに着目していたことがあげられる。経済分野では効率性に注目しており、公的サービスにおいて最も重要な質の向上に関わる効果を指標としていなかった。社会保障分野では財源の確保やサービスを受ける人々の権利に注目しており、主体間連携の有効性を提示できなかった。政策分野では国や都道府県に着目しており、実際の事業を提供する市町村の具備する条件の差を考慮していなかった。このような課題を横断的な分析により、主体間連携の効果を確認する方法を理論的枠組みのもとで提示した点が3点目の貢献である。これまで、公的サービスにおける質の向上について評価は十分になされてきたとは言い難い。政策の課題設定や実行計画の場面における連携を検討することにより、課題を明らかにし、その対応を提示した。また、連携主体を連携の行動目的により分類した。本書に示したフレームは、連携の生成と政策過程における多様な各連携主体の役割の分析が可能なフレームであり、その有効性を事例により確認した。

（2）実務上の貢献

次に実務上の貢献として、1点目には運営が困難とされる介護予防・地域包括ケアを分析するためのフレームを提示し、主体間連携における課題を整理したこと、介護予防事業の運営に苦渋する自治体に対して、分析の視点を提示したことがあげられる。すべての自治体が、本書において選択した自治体と同様のタイプに分類されるとは限らないため、実際の事業では各自治体にふさわしいマネジメントが必要である。しかし、分析の視点、事例として分析した3自治体は島嶼部、中山間地域、都市部、また市町村合併の規模の大きさにおいて、それぞれ特徴的であるために多くの地域に対して参考になりうるものと考える。島嶼部の小さな自治体では社会福祉協議会との連携、合併の大規模な中山間地域では合併前の住民組織単位である自治振興区の活用、都市部では市民

194 第2部 分 析 編

や老人会、その他の多様な民間組織との連携が確認された。

　本書によって構築された主体間連携の分析方法は、介護予防事業のみならず、その他の公的サービスの変化を検証する際にも応用できる汎用性があると考える。たとえば保育サービスや給食サービス、障害者福祉や環境分野などである。基礎自治体がこうした政策課題を探索する視点を活用し、住民に対してより良いサービスを提供することの検討が望まれる。

　また、2点目に政策形成として、これまで認識型問題として扱われていた高齢者の医療福祉の問題を探索型問題として扱っている点があげられる。高齢化は誰もが認識している問題であるため、改めてアジェンダを設定することはないとされる。そして対応として、介護保険サービスの活用という対症療法的な問題解決の方法を取りがちである。しかし、高齢化は急速に進行しており、先手を打つ必要がある。それが予防重視の政策であり、本研究が主題とした介護予防の考え方である。この介護予防に関して、どのように取り組むかにより、将来の高齢者問題が大きく変化する。真山（2001：pp.48-67）は、これまでの自治体における事業を政策なき事業過程としている。さらに政策とはその自治体で取り上げる課題を明確にして、その解決を宣言すること、施策は政策課題を解決するための具体的な取り組み、その複数の取り組みのうちの一つが事業であるとしている。この点に関して本研究において、筆者が行った自治体担当者へのアンケート調査やヒアリング調査の内容や方法が、自治体における政策形成の取り組みの参考になれば幸いである。

　さらに、3点目として、健康維持のための連携について方向性を示したことがあげられる。これまで保健福祉の連携ではケアを必要とする人の連携に焦点が絞られており、高齢者の大多数のニーズである健康維持における連携については分析されてこなかった。医療や介護の連携の評価手法は筒井（2012b、2014）により十分検討されてはいるが、健康維持の分野では同様の評価手法は使用できない。なぜなら専門的ケアが必要な医療介護と、専門的や非専門的なサービスの連携が必要な健康維持では主体が異なる。また、医療介護が必要な人のサービスの組み合わせには、自治体の条件に限らず一定の好ましいパッケージの提示は難しくないが、健康維持では各自治体にある多様な主体を活用

する方法が取られる。さらに政策過程の段階により提供されるサービスの内容が異なってくる。また、自治体の特徴に合わせたサービスの提供がなされるべきである。これらについてどのような選択を行うかを検討するための視点と枠組みを提示したことは、介護予防・地域包括ケアをはじめとする今後の公的サービスの質的向上に対する重要な貢献であると考える。

4. 残された研究課題

最後に本書において扱えなかった研究上の課題を説明する。まず、観察可能な事業と範囲を選択したことから、限られた範囲での実態分析にとどまっていることがあげられる。制度の変遷が急速であったことから、データが十分に揃わない状況もあった。分析を行うにあたっては、収集可能な情報を元にしていることから統計上の偏りがみられる部分もある。移り変わる制度を観察したことから、どの時点の結果を効果として扱うかは可変的なものであり、今後とも観察を継続する重要性を指摘しておきたい。特に介護予防・地域包括ケアシステムの構築には経年的な追跡調査が必要である。今後も横断的に課題を捉え、解決を目指したい。

対象とした地域は広島県および3自治体であることから、他の地域への汎用性の検討や事業を超えた政策そのものへの活用についての検討は充分ではない。今後はこれらの面において範囲を拡大した研究の展開を考えたい。また、自治体をクローズドシステムとして扱っているため、公的サービス提供主体にとっての多様な選択を規定する外的要因については制度変更のほかは、検討が及んでいない。調査方法に関しては、事業担当者へのアンケート調査やヒアリング調査が中心となっており、今後は多様な連携主体を対象とした行動や意向の調査についても必要である。その中で国、県、民間事業者、NPO法人など多くの主体が存在する。効果分析のための指標として、データを整備し国や自治体による系統的な事業の効果分析が求められる。外部環境要因については伊藤（2002）田尾（2009）を参考として研究を深めたい。特に伊藤（2002）は自治体の政策選択における影響を政策波及効果として、都道府県を対象に研究

を行っている。そこでは国の影響と近隣の地方自治体、また自治体内部のリーダーの条件などにより政策は決定されているとしており、本書において取り上げた市町村においても、このような政策波及効果がみられるかどうかは興味深い論点である。これらについても今後の課題としたい。

コラム 28・クローズドシステム、オープンシステム

　クローズドシステムは物事が起きている組織内部に着目したもの、オープンシステムは外部環境および、内部環境と外部環境の相互作用に着目した考え方である。どちらに注目し分析しても、組織の発展に役立てられる。組織内部の因子として組織文化や構成員の士気、技術、リーダーの能力、外部環境の因子として国内外の競争相手や資源調達に関わる自然などの不確実性、法制度の変更があげられる。集団や組織はこのような複雑な要素により、意思決定を行い、その営みを拡大したり縮小したりしている。

参考資料１　アンケート調査用紙（第６章）

（１）　機能訓練事業と介護予防事業に関するアンケート調査用紙（2007年度）

機能訓練事業担当者様

　機能訓練事業についてお尋ねします。機能訓練事業について周知されている担当者がお答え下さい。

所属をご記入下さい。所属：（　　　　　　　　　　　　　　　　）

職種を○で囲んでください。1. 医師　2. 保健師　3. 看護師　4. 理学療法士　5. 作業療法士　6. 事務職　7. その他の職種（　　　　　　　　）

【平成19年11月の状況をお答え下さい。】

1）機能訓練事業を実施していますか。

　　実施の場合は○、中止もしくは中止予定の場合はその年月をご記入下さい。

	40歳未満	40歳以上65歳未満	65歳以上
A型			
B型			
混合型			

2）機能訓練事業の存続についてどのように考えていますか。

　　1. 存続すべき　　2. 存続は必要ない

　　2）において、「1. 存続すべき」と答えた方のみ、次の3）にお答え下さい。

3）存続すべき理由は何ですか。（複数回答可）

　　1. 介護保険対象外の人に必要だから　2. 介護保険のサービス利用回数に制限があるから　3. 介護保険の利用料金が高いから　4. 介護保険のサービス内容が不十分だから　5. 市町（区）の健康診査や健康教育と連携できるから　6. 予防的活動として重要だから　7. 患者会、家族会の発展に必要だから

　　8. その他（具体的に　　　　　　　　　　　　　　　　　　　　）

4）機能訓練事業について自由にご意見をお書き下さい。

【以下は平成 19 年 11 月に機能訓練事業を実施した市町のみ回答下さい。】

5) 平成 19 年度事業合計予算額は（　　　　　　　　）千円

6) 平成 19 年 11 月の実施回数は（　　　　　　）回

7) 1 回の平均実施時間は（　　　　　　）時間

8) 1 回の利用料（利用者負担）は（　　　　　　）円

9) 実施場所は（複数回答可）

1. 保健所　2. 保健センター　3. 地域包括支援センター　4. 公民館　5. 老人保健センター　6. 健康増進センター　7. 介護老人福祉施設　8. 病院　9. 診療所　10. 介護老人保健施設　11. その他（　　　　　　　）

10) プログラム内容は（複数回答可）

1. 体操　2. 個別訓練　3. 作業活動　4. 筋力トレーニング　5. 健康管理　6. 相談　7. 食事　8. 入浴　9. 送迎　10. 口腔ケア　11. 栄養指導　12. その他（　　　　　　　　　　　　　　　　　　　　　　　　　　）

11) 平成 19 年 11 月登録者を対象とした送迎サービスの実施状況は

送迎あり（　　　　　）人　　　送迎なし（　　　　　）人

12) 機能訓練事業の啓発・広報活動のための手段は　（複数回答可）

1. 広報　2. パンフレット　3. ホームページ　4. ポスター　5. 特に行っていない　6. その他（具体的に　　　　　　　　　　　　　　　　　　）

13) 利用者の把握方法は（複数回答可）

1. 本人の申し込み　2. 医療機関からの紹介　3. 保健師の訪問　4. 民生委員の連絡　5. その他（　　　　　　　　　　　　　　）

14) 平成 19 年 11 月機能訓練事業登録者の介護保険の認定状況を人数でご記入ください。

	40 歳未満	40 歳以上 65 歳未満	65 歳以上
要介護者			
要支援者			
特定高齢者			
障害を有すると思われるが要介護認定者ではない者			
虚弱であると思われるが特定高齢者と認定されていない者			
自立			

参考資料1　アンケート調査用紙（第6章）　*199*

15）平成19年11月現在における登録者の年齢、主な疾患ごとの人数をご記入下さい。

	40歳未満		40歳以上65歳未満		65歳以上	
	男	女	男	女	男	女
1　ポリオ						
2　骨髄炎						
3　癌						
4　脊髄腫瘍						
5　脳腫瘍						
6　リウマチ						
7　ギランバレー症候群						
8　糖尿病						
9　認知症						
10　精神障害						
11　頸髄症						
12　脊髄小脳変性症						
13　脊髄空洞症						
14　パーキンソン病						
15　その他の神経難病						
16　視力障害						
17　聴覚障害						
18　高血圧						
19　心疾患						
20　脳血管障害						
21　呼吸器疾患						
22　後靱帯骨化症						
23　腰痛						
24　変形性膝関節症						
25　その他の変形						
26　骨粗しょう症						
27　腎障害						
28　脳性麻痺						
29　知的障害						
30　切断						
31　脊髄損傷（外傷性）						

		40歳未満		40歳以上65歳未満		65歳以上	
		男	女	男	女	男	女
32	頭部外傷						
33	骨折						
34	その他の事故の後遺症						
35	閉じこもり症候群						
36	廃用性症候群						
37	その他						

16) 何らかの理由で利用を制限していますか。

    1. 制限している　2. 制限していない

17) 上の設問16) において、1.「制限している」と答えた方にお聞きします。

    制限している理由をご記入ください。（複数回答可）

    1. 疾患・障害の種類　2. 自立度　3. 送迎が必要なため　4. 介護保険を利用できる　5. 待合室での移動に介助が必要なため

    6. その他（　　　　　　　　　　　　　　　　　　）

18) 平成19年11月の参加開始年月別の人数をご記入下さい。

平成19年11月 から	平成19年9月 から10月	平成19年6月 から8月	平成18年11月 から19年5月	平成18年10月 以前

19) 平成19年11月の利用回数ごとの人数をご記入下さい。

0回	1回	2回	3回	4回	5回	6回	7回	8回	9回	10回以上

20) 1から12の職種ごとに主な仕事内容を2つ選択し、○印をつけてください。関わっていない職種は空欄にしてください。

参考資料1　アンケート調査用紙（第6章）　*201*

		診察	健康管理	相談	体操	個別訓練	作業	レクリエーション	口腔ケア	栄養指導
1	医師									
2	保健師									
3	看護師									
4	理学療法士									
5	作業療法士									
6	言語聴覚士									
7	介護福祉士									
8	栄養士									
9	ホームヘルパー									
10	レクリェーションワーカー									
11	健康運動指導士									
12	ボランティア									

―ご協力をいただきましてありがとうございました。―

介護予防事業担当者様

　介護予防事業についてお尋ねします。介護予防事業について周知されている担当者がお答え下さい。なお、介護予防事業が当該市町（区）で複数実施されている場合は、複写して配布いただき、ご記入後に回収をお願いいたします。

所属をご記入下さい。所属（　　　　　　　　　　　　　　　　　　　　）

職種を丸で囲んでください。「7. その他の職種」の場合は職種の名前をご記入下さい。

1.　医師　2.　保健師　3.　看護師　4.　理学療法士　5.　作業療法士　6.　事務職

7.　その他の職種（具体的に　　　　　　　　　　　　　）

1）介護予防事業を実施していますか。実施しているものに開始年月をご記入ください。未実施のものは開始予定年月をご記入下さい。

内容			開始（予定）年月	
介護予防特定高齢者施策	通所型介護予防事業	運動器の機能向上	年	月
		栄養改善	年	月
		口腔機能の向上	年	月
	訪問型介護予防事業	閉じこもり予防・支援	年	月
		認知症予防・支援	年	月
		うつ予防・支援	年	月
介護予防一般高齢者施策	介護予防普及啓発事業		年	月
	地域介護予防活動支援事業		年	月

2）介護予防事業についての課題、当該市町の工夫がありましたらお書き下さい。

【以下は平成19年度に介護予防事業を実施した市町のみお答え下さい。】

3）介護予防一般高齢者施策はどのように行っていますか。当該市町の取り組みをお書き下さい。

参考資料1　アンケート調査用紙（第6章）　*203*

【介護予防事業の委託に関してお尋ねします。】

4）平成19年度　事業合計予算額と事業委託合計予算額をご記入下さい。

事業合計予算額	千円
事業委託合計予算額	千円

5）介護予防事業の委託をどのように考えていますか。

　　1．委託すべき　2．できれば委託すべき　3．委託すべきではない

　　理由をお書きください。

　　（　　　　　　　　　　　　　　　　　　　　　　　　　　　　　　）

6）介護予防事業を委託していますか。

　　1．委託している　2．委託していない

　　6）において、「1．委託している」と答えた方のみ、7）〜8）の問いにお答え下さい

7）委託先はどこですか。（複数回答可）

　　1．医療法人　2．社会福祉法人　3．会社　4．農協　5．社会福祉協議会　6．生協

　　7．医師会　8．歯科医師会　9．栄養士会　10．個人

　　11．その他（具体的に　　　　　　　　　　　　　　　　　　　　）

8）委託先をどのように決定していますか。（複数回答可）

　　1．競争入札　2．随意契約　3．コンペ　4．紹介　5．その他（　　　　　）

【以下では、介護予防特定高齢者施策通所型介護予防事業（運動器の機能向上）についてお尋ねします。】

9）平成19年の実施回数は（　　　　　　）回

10）1回の実施時間は、平均（　　　　　　）時間

11）1回の利用料金（利用者負担）は、平均（　　　　　　）円

12）実施場所は（複数回答可）

　　1．保健所　2．保健センター　3．地域包括支援センター　4．公民館　5．老人保

　　健センター　6．健康増進センター　7．介護老人福祉施設　8．介護老人保健施設

　　9．病院　10．診療所　11．その他（具体的に　　　　　　　　　　）

13）特定高齢者候補者の把握方法は（複数回答可）

　　1．集団健康診査　2．医療機関からの紹介　3．保健師の訪問　4．民生委員の連

　　絡　5．本人の申し込み　6．その他（　　　　　　　　　　　　　　　　　）

14) 平成 19 年度現在の登録者について年齢、主な疾患ごとの人数をご記入下さい。

		40 歳未満		40 歳以上 65 歳未満		65 歳以上	
		男	女	男	女	男	女
1	ポリオ						
2	骨髄炎						
3	癌						
4	脊髄腫瘍						
5	脳腫瘍						
6	リウマチ						
7	ギランバレー症候群						
8	糖尿病						
9	認知症						
10	精神障害						
11	頸髄症						
12	脊髄小脳変性症						
13	脊髄空洞症						
14	パーキンソン病						
15	その他の神経難病						
16	視力障害						
17	聴覚障害						
18	高血圧						
19	心疾患						
20	脳血管障害						
21	呼吸器疾患						
22	後靭帯骨化症						
23	腰痛						
24	変形性膝関節症						
25	その他の変形						
26	骨粗しょう症						
27	腎障害						
28	脳性麻痺						
29	知的障害						
30	切断						
31	脊髄損傷（外傷性）						
32	頭部外傷						

33	骨折						
34	その他の事故の後遺症						
35	閉じこもり症候群						
36	廃用性症候群						
37	その他						

15) プログラム内容は（複数回答可）

    1. 体操　2. 個別訓練　3. 作業活動　4. 筋力トレーニング　5. 健康管理

    6. 相談　7. 食事　8. 入浴　9. その他（具体的に　　　　　　　　　）

16) 平成19年度の登録者を対象とした送迎サービスの実施状況は

    送迎あり（　　　　）人　　　　送迎なし（　　　　）人

17) 介護予防事業の啓発・広報活動の方法は（複数回答可）

    1. 広報　2. パンフレット　3. ホームページ　4. ポスター　5. 特に行っていな

    い　6. その他（具体的に　　　　　　　　　　　　　　　　）

18) 平成19年度の登録者の実施期間別の人数をご記入下さい。

1ヶ月未満	1ヶ月以上3ヶ月未満	3ヶ月以上6ヶ月未満	6ヶ月以上1年未満	1年以上

19) 利用回数ごとの人数をご記入下さい。

0回	1回	2回	3回	4回	5回	6回	7回	8回	9回	10回以上

20) 1～12の職種ごとに主な仕事内容を2つ選択し、○印をつけてください。

    関わっていない職種は空欄にしてください。

		診察	健康管理	相談	体操	個別訓練	作業	レクリエーション	口腔ケア	栄養指導
1	医師									
2	保健師									
3	看護師									
4	理学療法士									
5	作業療法士									
6	言語聴覚士									
7	介護福祉士									
8	栄養士									
9	ホームヘルパー									
10	レクリエーションワーカー									
11	健康運動指導士									
12	ボランティア									

（2） 機能訓練事業と介護予防事業に関するアンケート調査用紙（2010年度）

2007年度の調査用紙1)～20) に以下を追加した。

介護予防事業担当者様

【その他の健康関連の取組についてお尋ねします。】

21）健康関連の自主グループ数（　　　　　　　　）

22）ボランティア養成講座開催数（　　　　　　）回／年

参考資料 2　ヒアリング調査用紙（第 7 章・第 8 章）　*207*

参考資料 2　ヒアリング調査用紙（第 7 章・第 8 章）

介護予防に関するヒアリング調査用紙　（2012 年度）

大崎上島町用調査用紙

介護予防事業担当者様

介護予防事業についてお尋ねします。事業について周知されている担当者がお答え下さい。所属をご記入下さい。所属（　　　　　　　　　　　　　　　　　　　　　　　）

職種を丸で囲んでください。「7. その他の職種」の場合は職種の名前をご記入下さい。

1. 医師　2. 保健師　3. 看護師　4. 理学療法士　5. 作業療法士　6. 事務職　7. その他の職種（具体的に　　　　　　　　　　　　　　　　　　　　　　　　　　　）

平成 23 年度の介護予防事業についてお聞きします。

Ⅰ）以下の事業に関わる市職員数（重複可）と予算をお答えください。

事業名		職員数	予算
介護予防二次予防事業 （特定高齢者施策）	通所型介護予防事業		
	高齢者実態把握事業		
	介護予防ケアマネジメント事業		
	その他（　　　　　　　　　　）		
介護予防事業一般高齢者施策（一次予防事業）	介護予防普及啓発事業		
	地域介護予防活動支援事業		
	その他（　　　　　　　　　　）		
	その他（　　　　　　　　　　）		

Ⅱ）介護予防事業以外の高齢者の健康維持事業との連携についてお聞きします。

介護保険事業計画と健康づくり計画との関わりあいはどのようになっていますか。

介護予防事業と、総合型地域スポーツクラブにおける運動や活動との関わりあいはどのようになっていますか。

208

介護予防事業と、機能訓練事業との関わりあいはどのようになっていますか。

Ⅲ) 以下の事業は、いずれかの機関や人と一緒に行っていますか。その理由はどのようなものですか。あてはまる番号に丸を付け、（　　　　）をご記入下さい。

1) 介護予防二次予防事業（特定高齢者施策）についてお聞きします。

　①通所型介護予防事業について

1) 連携の内容について下記から選んでください。（複数可）

　1. 実態把握、2. ニーズの把握、3. 人材の提供、4. 道具の提供、5. 場所の提供、

　6. 事業のノウハウ提供、7. 事業の開催、8. 技能講習、

　9. その他　具体的に（　　　　　　　　　　　　　　　　　　　　　　　　　）

2) 連携先について下記から選んでください。（複数可）

　1. 大学、2. 研究所、3. 医療法人、4. 社会福祉法人、5. 会社、6. 農協、7. 生協、8. 医師会、9. 歯科医師会、10. 薬剤師会、11. 栄養士会、12. 社会福祉協議会、13. 商工会議所、14. 老人クラブ、15. 自治振興区代表、16. 住民代表、

　17. 民生委員、18. 食生活推進員、19. ボランティア、20. NPO、21. 総合型地域スポーツクラブ、22. 21以外のスポーツクラブ、23. 地域包括支援センター、

　24. 高齢者福祉課、25. 保健医療課

　26. 23から25以外の役所の他部門　具体的に（　　　　　　　　　　　）、

　27. 県、28. 国、

　29. その他　具体的に（　　　　　　　　　　　　　　　　　　　　　　　）

3) 主にコーディネートを担う機関・人を下記から選んでください。（複数可））

　1. 大学、2. 研究所、3. 医療法人、4. 社会福祉法人、5. 会社、6. 農協、7. 生協、8. 医師会、9. 歯科医師会、10. 薬剤師会、11. 栄養士会、12. 社会福祉協議会、13. 商工会議所、14. 老人クラブ、15. 自治振興区代表、16. 住民代表、

　17. 民生委員、18. 食生活推進員、19. ボランティア、20. NPO、21. 総合型地域スポーツクラブ、22. 21以外のスポーツクラブ、23. 地域包括支援センター、

　24. 高齢者福祉課、25. 保健医療課

　26. 23から25以外の役所の他部門　具体的に（　　　　）、27. 県、28. 国、

　29. その他　具体的に（　　　　　　　　　　　　　　　　　）

参考資料2　ヒアリング調査用紙（第7章・第8章）　*209*

4) 連携の理由を下記から選んでください。（複数可）

　　1. 人材育成、2. 事業の効率化、3. 内容の充実、4. 費用の節約、5. ニーズの発見、

　　6. その他　具体的に（　　　　　　　　　　　　　　　　　　　　　　　　　　）

5) 連携の効果を下記から選んでください。（複数可）

　　1. 参加者の増加、2. 参加費用の削減、3. 参加者の満足度の拡充、

　　4. その他　具体的に（　　　　　　　　　　　　　　　　　　　　　　　　　　）

6) 連携先への委託金や謝礼があればお書きください。

　　機関・人（　　　　　　　　　　　　　　　　　　　　　　　　　　　　　）

　　金額（　　　　　　　　　　　　　　　　　　　　　　　　　　　　　　　）

　　②高齢者実態把握事業について　以下各項目同上

　　③その他の事業について　事業名（　　　　　　　　　　　　　　　　　　　）

　　当事業の内容、工夫、連携の課題についてご意見をお書き下さい。

2) 介護予防事業一般高齢者施策（一次予防事業）についてお聞きします。

　　①介護予防普及啓発事業について

　　②地域介護予防活動支援事業について

　　③その他の事業について　事業名（　　　　　　　　　　　　　　　　　　　）

庄原市用調査用紙

平成23年度の介護予防事業についてお聞きします。

Ⅰ）以下の事業に関わる市職員数（重複可）と予算をお答えください。

事業名		職員数	予算
介護予防二次予防事業 （特定高齢者施策）	通所型介護予防事業		
	高齢者実態把握事業		
	介護予防ケアマネジメント事業		
	食の自立支援事業		
介護予防事業一般高齢 者施策（一次予防事業）	高齢者健康教室		
	健康相談事業		
	ボランティア養成事業		
	介護予防教室		
	高齢者食生活改善事業		
	地域住民グループ支援事業		
地域包括ケア重点事業	うつ・閉じこもり対策		
	生きがい創造型サロンモデル事業		
	高齢者支援ネットワークづくり		

Ⅱ）庄原市で行われている市民ワークショップについてお聞きします。

介護予防事業と関連のある市民ワークショップは行われていますか。

Ⅲ）介護予防事業以外の高齢者の健康維持事業との連携についてお聞きします。

介護保険事業計画と健康づくり計画との関わりあいはどのようになっていますか。

介護予防事業における通所型介護予防事業や高齢者健康教室、介護予防教室と、総合型地域スポーツクラブにおける運動や活動との関わりあいはどのようになっていますか。

参考資料 2　ヒアリング調査用紙（第 7 章・第 8 章）　*211*

Ⅳ）以下の事業は、いずれかの機関や人と一緒に行っていますか。その理由はどのようなものですか。あてはまる番号に丸を付け、（　　　　）をご記入下さい。

1）介護予防二次予防事業（特定高齢者施策）についてお聞きします。
　　①通所型介護予防事業について（以下各項目について質問は P.208 ～ 209 に示す大崎上島町調査用紙と同様）
　　②高齢者実態把握事業について
　　③食の自立支援事業について

2）介護予防事業一般高齢者施策（一次予防事業）についてお聞きします。
　　①高齢者健康教室について
　　②健康相談事業について
　　③ボランティア養成事業について
　　④介護予防教室について
　　⑤地域住民グループ支援事業について
　　⑥高齢者食生活改善事業について

3）庄原市地域包括ケア重点事業についてお聞きします。
　　①うつ・閉じこもり対策（二次予防事業の拡充事業）について
　　②生きがい創造型サロンモデル事業について
　　③高齢者支援ネットワークづくりについて

廿日市市用調査用紙

介護予防事業担当者様

平成23年度の介護予防事業についてお聞きします。

Ⅰ）以下の事業に関わる市職員数（重複可）と予算をお答えください。

事業名		職員数	予算
介護予防二次予防事業	通所型介護予防事業		
	対象者把握事業		
	介護予防ケアマネジメント事業		
	訪問型介護予防事業		
介護予防一次予防事業	介護予防普及啓発事業		
	地域介護予防普及啓発事業		
	介護予防事業一次予防事業評価事業		
	介護予防ケアマネジメント事業		
	総合相談支援事業		
包括的支援事業	包括的継続的ケアマネジメント事業		
	認知症高齢者家族やすらぎ支援事業		
任意事業	生活指導員派遣事業		
	配食サービス事業		
その他			

Ⅱ）廿日市市で行われている円卓会議についてお聞きします。

介護予防事業と関連のある円卓会議は行われていますか。

Ⅲ）介護予防事業以外の高齢者の健康維持事業との連携についてお聞きします。

①介護保険事業計画と健康づくり計画との関わりはどのようになっていますか。

②機能訓練事業（旧老人保健法）との関わりはどのようになっていますか。

③介護予防事業における通所型介護予防事業や高齢者健康教室、介護予防教室と、総合型地域スポーツクラブにおける運動や活動との関わりはどのようになっていますか。

参考資料2　ヒアリング調査用紙（第7章・第8章）　*213*

Ⅳ）以下の事業は、いずれかの機関や人と一緒に行っていますか。その理由はどのようなものですか。あてはまる番号に丸を付け、（　　　　　）をご記入下さい。

1）介護予防二次予防事業についてお聞きします。
　①通所型介護予防事業について（以下各項目について質問はP.208〜209に示す大崎上島町調査用紙と同様）
　②対象者実態把握事業について
　③訪問型介護予防事業について

2）介護予防事業一次予防事業についてお聞きします。
　①介護予防普及啓発事業について
　②地域介護予防活動支援事業について
　③介護予防事業一次予防事業評価事業について
　④介護予防ケアマネジメント事業について
　⑤総合相談支援事業について

3）包括的支援事業についてお聞きします。
　①包括的継続的ケアマネジメント事業について
　②認知症高齢者家族やすらぎ支援事業について

4）任意事業についてお聞きします。
　①生活指導員派遣事業について
　②配食サービス事業について

参考資料 3　ヒアリング調査用紙（第 7 章・第 8 章）

連携の効果と課題に関するヒアリング調査用紙（2015 年度）

問 1.　連携の効果（前回調査の内容を見せ、連携してよかったことはどのようなことか。）

以下から複数回答。

（ア）行政にとって連携してよかったことはどのようなことか

1. 参加者の増加、2. 参加費用の削減、3. 参加者の満足度の拡充、4. 執行が確実である、5. 迅速に提供できる、6 その他

具体的に（　　　　　　　　　　　　　　　　　　　　　　）

（イ）民間（会社・商工会・郵便局・銀行）と連携してどのような良いことがあったか

1. 参加者の増加、2. 参加費用の削減、3. 参加者の満足度の拡充、4. 執行が確実である、5. 迅速に提供できる、6. その他

具体的に（　　　　　　　　　　　　　　　　　　　　　　）

（ウ）専門職（医療介護従事者・病院・施設）と連携してどのような良いことがあったか

1. 参加者の増加、2. 参加費用の削減、3. 参加者の満足度の拡充、4. 執行が確実である、5. 迅速に提供できる、6. その他

具体的に（　　　　　　　　　　　　　　　　　　　　　　）

（エ）大学・研究所と連携してどのような良いことがあったか

1. 参加者の増加、2. 参加費用の削減、3. 参加者の満足度の拡充、4. 執行が確実である、5. 迅速に提供できる、6. その他

具体的に（　　　　　　　　　　　　　　　　　　　　　　）

（オ）市民と連携してどのような良いことがあったか

1. 参加者の増加、2. 参加費用の削減、3. 参加者の満足度の拡充、4. 執行が確実である、5. 迅速に提供できる、6. その他

具体的に（　　　　　　　　　　　　　　　　　　　　　　）

参考資料 3　ヒアリング調査用紙（第 7 章・第 8 章）　*215*

問 2.　連携の課題

（カ）（各連携主体をあげ）その役割は何か、役割分担は明確か、また柔軟性が
　　あるか

	役割	役割分担は明確か	柔軟性があるか
行政			
大学・研究所			
専門職			
民間			
市民			

（キ）（各連携主体をあげ）連携を申し入れた際、どのようなことが障壁となっ
　　たか

	障壁
行政	
大学・研究所	
専門職	
民間	
市民	

（ケ）連続的な協力関係の維持について行っていることはなにか。

（コ）連携のための会議や情報提供はどのように行われているか

問 3.　連携の変化（前回の調査内容を見せ、2012 年の調査からどのような変化があっ
　　たか）

（サ）（各連携主体をあげ）現在も同じように連携しているか。

（シ）新たな連携先はあるか。複数回答可

　　　1. 大学、2. 研究所、3. 医療法人、4. 社会福祉法人、5. 会社、6. 農
　　　協、7. 生協、8. 医師会、9. 歯科医師会、10. 薬剤師会、11. 栄養士会、
　　　12. 社会福祉協議会、13. 商工会議所、14. 老人クラブ、15. 自治振興区
　　　代表、16. 住民代表、17. 民生委員、18. 食生活推進員、19. ボランティ

ア、20. NPO、21. 総合型地域スポーツクラブ、22. 21 以外のスポーツクラブ、23. 地域包括支援センター、24. 高齢者福祉課、25. 保健医療課 26. 23 から 25 以外の役所の他部門　具体的に（　　　　　　　　　）、27. 県、28. 国、29. その他　具体的に（

　　　　　　　　　　　　　　　）

（ス）介護予防事業の、どのような段階において連携が行われているか。連携している主体に○、各段階において最も影響力のある中心主体に二重丸を付けてください。

段階　　　主体	①計画策定段階Ⅰ		②計画策定段階Ⅱ		③実行段階	
	課題設定	課題範囲決定	手段・制約条件検討	実行計画策定	事業実施	モニタリング
行政						
大学・研究所						
民間						
専門職						
市民						

（セ）今後新たに連携が必要と感じている連携先にはどのようなものがあるか。
　　　1. 大学、2. 研究所、3. 医療法人、4. 社会福祉法人、5. 会社、6. 農協、7. 生協、8. 医師会、9. 歯科医師会、10. 薬剤師会、11. 栄養士会、12. 社会福祉協議会、13. 商工会議所、14. 老人クラブ、15. 自治振興区代表、16. 住民代表、17. 民生委員、18. 食生活推進員、19. ボランティア、20. NPO、21. 総合型地域スポーツクラブ、22. 21 以外のスポーツクラブ、23. 地域包括支援センター、24. 高齢者福祉課、25. 保健医療課 26. 23 から 25 以外の役所の他部門　具体的に（　　　　　　　　　）、27. 県、28. 国、29. その他　具体的に（

　　　　　　　　　　　　　　　）

（ソ）連携先が変化した理由、新たな連携先が必要と考える理由は何故か。

（タ）連携先を改善するための努力はどのように行われているか。

参考文献

和文

秋吉貴雄 (2009)「行政サービスの政治過程」宮川公男・山本清編『行政サービス供給の多様化』多賀出版, pp.103-130.

浅井春夫 (2002)「福祉国家の再編」『現代思想』30（7）pp.119-132.

阿部泰之・森田達也 (2014)「医療介護福祉の地域連携尺度の開発」『Palliative Care Research』9（1）pp.114-120.

荒見玲子 (2009)「ガバナンスにおける計画 ― 市町村 地域福祉計画を事例に」『年報行政研究』44, pp.126-149.

飯吉令枝・平澤則子 他 (2011)「過疎地域の介護予防が必要な高齢者を早期発見するための近隣見守りリストの検討」『2011年日本公衆衛生学会抄録集』p.286.

池上直己・J. C. キャンベル (1996)『日本の医療　統制とバランス感覚』中央公論新社

石井敏弘 (2001)『地方分権時代の健康政策実践書：みんなで楽しくできるヘルスプロモーション』ライフサイエンスセンター

石川志摩 (2013)「市町村の介護予防事業における業務委託の現状と課題 –A県の業務委託実態調査からの示唆」『千葉看護学会会誌』19（1）pp.45-53.

伊藤修一郎 (2002)『自治体政策過程の動態 ― 政策イノベーションと波及』慶應義塾大学出版会

伊藤修一郎・辻中豊 (2009)「市町村におけるガバナンスの現況 ― 市民社会組織を中心に」『レヴァイアサン』45, pp.68-86.

伊藤勝久他 (2007)「地域住民の生活環境変遷と生き甲斐・意識形成との関連性 ― 集落組織と住民生活の変遷およびソーシャルキャピタル、住民の生活満足度と「生き甲斐」との関連性 ―」『島根大学プロジェクト研究』pp.2-3.

伊藤千加子・杉田清美 (2003)「介護保険下において看護職が感じている「連携を阻害する要因」と「今後の課題」― 交流会参加者へのアンケート調査の分析より」『日本看護学会論文集33回地域看護』pp.96-98.

市川喜崇「分権改革と21世紀の地方自治」寄本勝美編 (2001)『公共を支える民 ― 市民主導の地方自治』コモンズ, pp.7-36.

稲葉陽二 (2007)『ソーシャル・キャピタル　信頼の絆で解く現代経済・社会の諸課題』生産性出版

今井賢一・伊丹敬之・小池和男 (1982)『内部組織の経済学』東洋経済新報社

今井賢一・金子郁容 (1988)『ネットワーク組織論』岩波書店

今村晴彦（2011）「地区組織活動についての全国調査結果から」保健師ジャーナル 67（2）pp.119-126.

衛藤幹子（1995）「八〇年代以降の保健医療政策の変化をめぐる考察」『年報行政研究』30, pp.84-106.

衛藤幹子（1998）「連立政権における日本型福祉の転回」『レヴァイアサン』臨時増刊 pp.68-94.

遠藤久雄（2010）「日本経済と医療・介護政策の展開」宮島洋、西村周三、京極高宣編『社会保障と経済（3）社会サービスと地域』東京大学出版会, pp.3-24.

及川忠人（1999）「機能訓練事業の現状と課題」『リハビリテーション医学会』36（11）, p.833.

大川弥生（2005）「広域災害における生活不活発病（廃用症候群）対策の重要性 ― 介護予防の観点から ―」『医療』 Vol. 59（4）pp. 205-212.

大久保豪他（2006）「介護予防事業への男性参加に関連する事業要因の予備的検討」『日本公衛誌』52（12）pp.1050-1057.

大阪府社会福祉協議会（2011）『社協の介護保険事業における役割と展開報告書』

大崎上島町（2015）『高齢者保健福祉計画・第6期介護保険事業計画平成27年度〜29年度』大崎上島町福祉課

大田仁史（2000）『地域リハビリテーション学』三輪書店

太田貞司・大口達也（2012）「地域包括ケアシステム構築のための地域連携の仕組みづくり ― 垂直的統合および水平的統合実現のための道筋 ―」『地域包括ケアシステム構築のための保険者と地域包括支援センターの関係性に関する調査研究事業報告書』立教大学出版, pp.24-42.

大平雅美（1996）「機能訓練事業の経済学的評価」『理学療法学』23（7）pp.434-437.

大宮登・増田正（2007）『大学と連携した地域再生戦略 ― 地域が大学を育て、大学が地域を育てる』ぎょうせい

小笠原浩一・島津望（2007）『地域医療・介護のネットワーク構想』千倉書房

岡田浩・松田憲忠編（2010）『現代日本の政治 ― 政治過程の理論と実際』ミネルヴァ書房

岡戸順一他（2002）「社会的ネットワークが高齢者の生命予後に及ぼす影響」『厚生の指標』49（1）pp.15.

岡本哲和（1996）「政策終了理論に関する考察」『情報研究（関西大学総合情報学部紀要）』5（10）pp.17-40.

岡本哲和（2003）「政策終了論 ― その困難さと今後の可能性 ―」足立幸男・森脇俊雅編著『公共政策学』ミネルヴァ書房, pp.161-174.

岡本秀明他（2007）「大都市居住高齢者の社会活動に関連する要因」『日本公衛誌』53（7）pp.504-515.

岡本祐三（2006）「介護予防は役に立つか」『日本の論点2006』文芸春秋, pp.574-577.

奥野信弘（2006）『公共の役割は何か』岩波書店

尾崎章子他（2003）「百寿者の Quality of life 維持とその関連要因」『日本公衛誌』50（8）pp.697-711.

長田進（2009）「大学の地域貢献への一考察とその事例」『慶應義塾大学日吉紀要』19, pp.15-28.

加藤順吉朗（1995）「保健・医療・福祉の連携の現状 ― 愛知県における意識実態調査から」『公衆衛生』59, pp.185-190.

川渕孝一（1999）「なぜ長野県民は長寿か　医療経済的視点から見た分析」『公衆衛生』63（1）pp.25-29.

管万理他（2007）「縦断的データーから見た介護予防健診受診非受診の要因」『日本公衛誌』33（9）pp.688-700.

韓榮芝・高橋信幸（2006）「保健・医療・福祉の連携による健康づくりの地域実践 ― 在宅介護支援センターにおける介護予防教室の効果 ―」『長崎国際大学論叢』6, pp.187-194.

岸田研作（2010）「介護サービス供給体制」宮島洋、西村周三、京極高宣編『社会保障と経済（3）社会サービスと地域』東京大学出版, pp.127-148.

木下由美子編（2004）『地域看護学』医歯薬出版

金貞任（2014）「韓国の介護保障」増田雅暢編『世界の介護保障』法律文化社, pp.134-153.

木村美也子（2008）「ソーシャルキャピタル ― 公衆衛生分野への導入と欧米における議論より ―」『日本公衛誌』57（3）pp.252-265.

清野諭・藪下典子・金美芝他（2008）「ハイリスク高齢者における運動機能の向上を目的とした介護予防教室の有効性」『厚生の指標』55（4）pp.12-19.

久保慶明（2010）「影響力構造の多元化と市民社会組織・審議会」辻中豊・伊藤修一郎『現代市民社会叢書3 ローカル・ガバナンス地方政府と市民社会』木鐸社, pp.59-76.

熊川寿郎（2006）「クリニカルパスとは」『老年精神医学雑誌』17（11）pp.1131-1140.

栗山進一（2008）「大崎国保コホート，高齢者と医療費」『日老医誌』45（2）pp.172-174.

桑田耕太郎・田尾雅夫（2011）『組織論』有斐閣

久村真紀江（2004）『介護サービス提供の地域比較分析 ― 広島県における条件不利地域を中心として』広島大学修士論文（社会科学研究科）

權順浩（2009）「全国介護手当の実施状況と課題」『日本社会福祉学会第62回抄録』pp.273-274.

黒須充（2008）『総合型地域スポーツクラブの時代　行政とクラブとの協働』創文企画

郡司篤晃（2000）「クリティカル・パス法とは何か」『Biomedical Perspectives』9（2）pp.109-114.

厚生労働省（2005）『平成17年版厚生労働白書』

厚生労働省（2008）『介護予防継続的評価分析等検討会』

厚生労働省老健局老人保健課（2006）『平成18年度介護予防事業報告』

厚生労働省老健局老人保健課（2009）『第6回介護予防継続的評価分析等検討会資料2．介護予防施策導入に伴う費用対効果分析について』

国立長寿医療センター（2013）『在宅医療・介護連携推進事業研修会資料』

小島真二他（2007）「地域高齢者の運動指導における運動定着に寄与する要因の検討」『体育学研究』52，pp.227-235.

小島廣光・平本健太（2011）『戦略的協働の本質 NPO、政府、企業の価値創造』有斐閣

小島裕（1986）「高知県における機能訓練事業（老人保健法事業）の現状と問題点」『理学療法学』13（6）pp.430-435.

小関祐二・戸梶亜紀彦（2004）「地域における高齢者情報の把握と共有―H市における事例」『広島大学マネジメント研究』4，pp.175-184.

小林大高（2011）『OECD医療政策白書』OECD

小比田協子・柴喜嵩他（2011）「官学民協働において一次・二次予防事業の有機的連携を図り自主グループ参加者を増やす」『2011年日本公衆衛生学会抄録集』p.285.

近藤克則編（2007）『検証健康格差社会』医学書院

近藤克則（2005）『医療費抑制の時代を超えて　イギリスの医療福祉改革』医学書院

財団法人日本公衆衛生協会（2009）『今後の介護予防事業の在り方に関する研究報告書』財団法人日本公衆衛生協会

斎藤香里（2013）「ドイツの介護者支援」『海外社会保障研究』189，pp.16-29.

栄セツコ（2009）「保健医療福祉領域における『連携』の基本的概念整理」『桃山学院大学総合研究所紀要』34（3）pp.53-74.

笹井肇・筒井孝子（2012）「地域包括ケアシステム推進のための自治体の保険者機能の評価項目の策定」『保健医療科学』61（2）pp.83-95.

佐藤郁哉・山田真茂留（2004）『制度と文化―組織を動かす見えない力』日本経済新聞社

佐藤徹（2005）「市民参加の基礎概念」佐藤徹・高橋秀行・他『新説市民参加　その理論と実際』公人社，pp.1-27.

澤俊二・亀ヶ谷忠彦・他（1999）「老人保健法にもとづく機能訓練事業全国実態調査報告」『公衆衛生』63（4）pp.282-283.

澤俊二・亀ヶ谷忠彦・他（1999）「老人保健法にもとづく機能訓練事業全国実態調査報告」『公衆衛生』63（5）pp.364-365.

澤俊二・亀ヶ谷忠彦・他（1999）「老人保健法にもとづく機能訓練事業全国実態調査報告」『公衆衛生』63（6）pp.436-437.

澤俊二・亀ヶ谷忠彦・他（1999）「老人保健法にもとづく機能訓練事業全国実態調査報告」『公衆衛生』63（7）pp.508-509.

澤俊二・亀ヶ谷忠彦・他（1999）「老人保健法にもとづく機能訓練事業全国実態調査報告」『公

参考文献　*221*

衆衛生』63（8）pp.576-577.

澤俊二・亀ヶ谷忠彦・他（1999）「老人保健法にもとづく機能訓練事業全国実態調査報告」『公
　　衆衛生』63（9）pp.671-673.

澤俊二・亀ヶ谷忠彦・他（1999）「老人保健法にもとづく機能訓練事業全国実態調査報告」『公
　　衆衛生』63（10）pp.748-750.

澤俊二・亀ヶ谷忠彦・他（1999）「老人保健法にもとづく機能訓練事業全国実態調査報告」『公
　　衆衛生』63（11）pp.822-823.

澤俊二・亀ヶ谷忠彦・他（1999）「老人保健法にもとづく機能訓練事業全国実態調査報告」『公
　　衆衛生』63（12）pp.887-889.

澤俊二・秋永瑞恵・他（2004）「老人保健法に基づく機能訓練事業の危機 — 全国調査から明ら
　　かになった介護保険制度の影響 —」『茨城県立医療大学紀要』9，pp.197-207.

澤井安勇（2004）「ソーシャルガバナンスの概念とその成立要件」神野直彦・澤井安勇編『ソー
　　シャルガバナンス — 新しい分権・市民社会の構図』東洋経済新報社

宍戸由美子他（2003）「運動指導教室参加者の運動習慣・医療費などの変化」『日本公衛誌』50
　　（7）pp.571-581.

柴田得衛（1989）「公害」『生活衛生学』光生館 pp.137-154.

篠崎次男（2006）『「健康自己責任論」と公衆衛生行政の課題 — 保健から医療構造「改革」を
　　見る』自治体研究社

島津望（2007）「組織間ネットワークに関する理論の検討」小笠原浩一・島津望『地域医療・
　　介護のネットワーク構想』千倉書房 pp.49-84.

島貫秀樹他（2006）「転倒予防活動事業における高齢推進リーダーの特性」『日本公衛誌』52（9）
　　pp.802-807.

社会保障審議会介護保険部会介護支援専門員（ケアマネジャー）の資質向上と今後のあり方に
　　関する検討会（2013）『介護支援専門員（ケアマネジャー）の資質向上と今後のあり方に関
　　する検討会における議論の中間的な整理』社会保障審議会介護保険部会

社会保障制度改革国民会議（2013）「社会保障制度改革国民会議報告書」『週刊社会保障』2740，
　　pp.54-83.

社団法人全国老人保健施設協会（2006）『平成17年版介護白書』ぎょうせい

朱膳寺さつき・杉山静（2000）「産業保健と地域保健の連携についての検討 — 産業看護職の実
　　態調査を通して —」『産業衛生学雑誌』42，pp.228-236.

障害者福祉研究会（2002）『ICF 国際生活機能分類 — 国際障害分類改訂版 —』障害者福祉研
　　究会

庄司啓史（2013）「医療・介護の情報共有のための一考察 — フランス Carte Vitale カードを参
　　考に —」『医療・介護連携において共有すべき情報に関する研究 2013 年度報告』pp.46-56.

庄原市（2015）『第6期庄原市高齢者福祉計画介護保険計画平成27年度〜平成29年度』広島

県庄原市

新藤宗幸（2010）『概説日本の公共政策』東京大学出版会

城山秀明・鈴木寛編著（1999）『中央省庁の政策決定過程 ― 日本官僚制の解剖』中央大学出版部

神野直彦・澤井安勇編（2004）『ソーシャルガバナンス ― 新しい分権・市民社会の構図』東洋経済新報社

鈴木静（2004）「島嶼部における高齢者の暮らしと地域の変容 ― 愛媛県温泉郡中島町を例に ― 」『医療・福祉研究』14（1）pp.45-53.

鈴木良美（2006）「コミュニティヘルスにおける協働 ― 概念分析」『日本看護科学学会誌』26（3）pp.41-48.

政府閣議決定（2013）「プログラム法案骨子」『賃金と社会保障』1594，pp.49-51.

全国介護保険担当課長会議（2014）『介護予防・日常生活支援総合事業ガイドライン案（概要）』

総務省分権型社会に対応した地方行政組織運営の刷新に関する研究会（2005）『分権型社会における自治体経営の刷新戦略 ― 新しい公共空間の形成を目指して ― 』総務省

宣賢奎（2006）『介護ビジネスと自治体政策』大学教育出版

田尾雅夫（1990）『行政サービスの組織と管理』木鐸社

田尾雅夫（2009）「多様化に関する調査とその分析」宮川公男、山本清編『行政サービス供給の多様化』多賀出版，pp.151-238.

田尾雅夫（2011）『市民参加の行政学』法律文化社

田尾雅夫（2014）『公共経営論』木鐸社

高橋紘士（2006）「介護予防は役に立つか」『日本の論点 2006』文芸春秋，pp.570-573.

瀧井宏臣（2001）「民が主役で公が支える高齢者福祉」寄本勝美編『公共を支える民 ― 市民主導の地方自治』コモンズ，pp.167-189.

田中滋・二木立（2006）『講座 医療経済・政策学　第3巻保健・医療提供制度』勁草書房

田中滋（2013）「地域包括ケアシステムと地域マネジメント」『日本介護経営学会第8回総会・シンポジウム概要』，pp.1-17.

田中栄治（1996）『地域連携の技法 ― 地域連携軸と社会実験』地域交流出版

田中千枝子・大本和子（1996）「ヘルスケアとソーシャルワークの視点 ― 医療主導の組織連携の類型化とケアマネジメントへの影響 ― 」『東海大学健康科学部紀要』2，pp.65-74.

田中康之（2010）「行政の理学療法士、作業療法士が関与する効果的な事業展開に関する研究：介護予防事業、地域包括支援センターについて」『日本理学療法学術大会抄録』p.710.

田中弥生（2006）『NPO が自立する日 ― 行政の下請け化に未来はない』日本評論社

田辺解（2010）「Smart Wellness City 首長研究会・発起人会傍聴記」『体育の科学』60，pp.199-205.

田辺国昭（1997）「老人保健福祉計画の策定過程と行政モデルの転換」『季刊社会保障研究』33

（4）pp.252-259

辻一郎（2006）『介護予防のねらいと戦略』社会保険研究所

辻中豊（2002）『現代日本の市民団体・利益団体』木鐸社

辻中豊（2009）「市区町村におけるガバナンスの現況 — 市民社会組織を中心に」『レヴァイアサン』45，pp.68-86.

筒井孝子（2003）「地域福祉権利擁護事業に携わる「専門員」の連携活動の実態と連携活動評価尺度の開発（上）」『社会保険旬報』No. 2183（9）pp.18-24.

筒井孝子（2005）「地域包括ケアシステムの基本的考え方 integrated care の視点と構築のための戦略」『地域包括ケアシンポジウム資料』

筒井孝子・東野定律（2006）『全国の市町村保健師における「連携」の実態に関する研究』日本公衛誌 53（10），pp.762-776.

筒井孝子・東野定律・大夛賀政昭（2010）「全国の地域包括支援センターの職員における資格別配置状況及び連携活動能力に関する研究」『介護経営』5（1）pp.2-14.

筒井孝子（2012a）「Community based integrated care の基本的な考え方」『老年精神医学』23（3）pp.271-279.

筒井孝子（2012b）「地域包括ケアシステムに関する国際的な研究動向」高橋紘士編『地域包括ケアシステム第3章』オーム社，pp.38-57.

筒井孝子（2014）『地域包括ケアシステム構築のためのマネジメント戦略 integrated care の理論とその応用』中央法規出版

寺田勇人・井谷徹　他（2002）「健保組合の保健福祉事業における「地域」との連携モデルの検討」『産業衛生誌』44，p.654.

土井由利子（2009）「日本における行動科学研究 — 理論から実践へ」『日本公衛誌』58（1）pp.2-10.

同志社大学大学院総合政策科学研究科（2005）『総合政策科学入門第2版』成文堂

鳥海直美（2003）「訪問介護事業所におけるコーディネート実践に関連する要因 — サービス提供責任者による実践に焦点をあてて — 」『厚生の指標』50，pp.1-6.

内閣府（2013）『高齢社会白書』

内藤久士（2007）「健康体力づくりの歴史」『体育の科学』57（6）pp.451-456.

中野匡子・矢部順子・安村誠司（2007）「地域高齢者の健康習慣指数と生命予後に関するコホート研究」『日本公衛誌』53（5）pp.329-337.

新川達郎（2005）『総合政策科学入門（第2版）』成文堂

二木立（1995）『日本の医療費』医学書院

二木立（2002）『介護保険と医療保険改革』勁草書房

二木立（2004）『医療改革と病院』勁草書房

西正徳（1999）「平成12年度以降の老人保健事業について」『公衆衛生』63（9）pp.671-673.

西村周三（2013）「地域経済視点からの社会保障支出とその将来見通し　第17回厚生政策セミナー地域の多様性と社会保障の持続可能性」『季刊・社会保障研究』49（1）pp.5-29.

西山正徳・笠松淳也（1999）「平成12年以降の老人保健事業について」『公衆衛生』63（9）pp.645-649.

二宮厚美（2000）『自治体の公共性と民間委託 ― 保育・給食労働の公共性と公務労働』自治体研究社

長谷川敏彦（2013）「地域連携の基礎理論としてのケアサイクル論」髙橋紘士・武藤正樹『地域連携論』オーム社，pp.2-25.

長谷川光圀（1997）「企業組織の統合」『山口經濟學雜誌』45（6）pp.191-216.

畠山典子・鈴木敏子他（2011）「住民と協働した介護予防活動の継続に向けた検討」『2011年日本公衆衛生学会抄録集』p.284.

廿日市市（2012）『廿日市市高齢者福祉計画』

濱野強・渡邉敏文・藤澤由和（2006）「介護予防事業の動向に関する研究：新潟県市町村の実態調査より新潟県における調査」『新潟医療福祉学会誌』6（1）pp.64-69.

濱野強（2011）「中山間地域における地理情報システムを用いた生活習慣病の受療行動解析」『日農医誌』60（4）pp.516-526.

浜村明徳（1999）「機能訓練事業の成果と展望」『公衆衛生』63（9）pp.576-577.

早川淳（2008）「市民主導の計画づくり ― 日野市環境基本計画の策定過程」寄本勝美編『公共を支える民 ― 市民主導の地方自治』コモンズ，pp.37-67.

林泰則（2002）『介護保険見直しの焦点は何か』あけび書房

東川薫（2006）「地域における保健・医療・福祉連携と行政・市民・企業協働の統合 ― 地域福祉計画のあり方を考える ― 」『四日市大学総合政策学部論集』pp.23-36.

東野定律（2011）「介護保険実施状況における自治体格差を規定する要因に関する研究」『介護経営』6（1）pp.78-90.

平井寛、近藤克則（2008）「高齢者の町施設利用の関連要因分析　介護予防事業参加促進にむけた基礎研究」『日本公衛誌』55（1）pp.37-45.

平岩和美（2009）「高齢者の健康政策に関する研究の系譜と課題」『広島大学マネジメント研究』9，pp.59-72.

平岩和美（2010）「広島県における介護予防事業と機能訓練事業のアンケート調査」『理学療法の臨床と研究』19（1）pp.17-21.

平岩和美（2012a)「広島県における介護予防事業と機能訓練事業の変容2007年と2010年の実態調査の比較を通じて」『理学療法の臨床と研究』21（1）pp.67-71.

平岩和美（2012b)「高齢者の健康を支援する環境因子に関する既往研究レビュー」『健康科学と人間形成・広島都市学園大学紀要』1，pp.11-18.

府川哲夫（2010）「医療・介護サービスの展望」宮島洋、西村周三、京極高宣編『社会保障と

経済（3）社会サービスと地域』東京大学出版，pp.25-44.

福川康之・川口一美（2011）「孤独死の発生並びに予防対策の実施状況に関する全国自治体調査」『日本公衛誌』58（11）pp.959-966.

副田あけみ（1997）『在宅介護支援センターのケアマネジメント』中央法規

福田吉治他（2007）「日本における健康格差研究の現状」『保健医療科学』56（2）pp.56-62.

藤野善久（2008）『健康影響評価 概念・理論・方法および実践例』社会保健研究

藤本健太郎（2014）「ドイツの介護保障」増田雅暢編『世界の介護保障』法律文化社，pp.57-71.

二村博司（2008）「公的介護サービス利用率の地域差の動学分析」『廣島大學經濟論叢』32（2）pp.125-137.

古川俊一（2006）「地方自治体における評価の波及と生成過程の分析」『日本評価研究』（1）pp.133-146.

堀川俊一・小川佐知・他（2011）「介護予防でまちづくり―いきいき百歳体操で地域がかわる―」『第15回日本健康福祉政策学会しが学術大会抄録集』15（1）p.11.

星旦二・麻原きよみ（2008）『これからの保健医療福祉行政論』日本看護協会出版会

本庄かおり（2007）「社会疫学の発展」『保健医療科学』56（2）pp.99-105.

前田信雄（1990）『保健医療福祉の統合』勁草書房

増田雅暢（2003）『介護保険見直しの争点：政策過程からみえる今後の課題』法律文化社

増田雅暢（2007）「韓国で介護保険制度が成立―老人長期療養保険法の概要と課題」『週刊社会保障』2429，pp.36-43.

増田雅暢（2014）『世界の介護保障』法律文化社

増田雅暢（2016）『介護保険の検証 軌跡の考察と今後の課題』法律文化社

松田智行（2011）「機能訓練事業利用者と介護保険サービスとの関係」『2011年度日本理学療法学術大会抄録』，p.1294

松田智行（2013）「介護保険制度導入前後における在宅サービス利用の変化」『日本公衆衛生雑誌』60（9）pp.586-595.

舛田ゆづり・田高悦子・臺有佳他（2011）「住民組織からみた都市部の孤立死予防に向けた見守り活動におけるジレンマと方略に関する記述的研究」『日本公衆衛生雑誌』58（12）pp.1040-1047.

増山幹高（1998）「介護保険の政治学」『日本公共政策学会年報1998』pp.1-26.

松野弘・堀越芳昭・他（2006）『企業の社会的責任論の形成と展開』ミネルヴァ書房

松行康夫・松行彬子（2002）『組織間学習論―知識創発のマネジメント』白桃書房

松行康夫・松行彬子（2007）『公共経営学―市民・行政・企業のパートナーシップ』丸善

真野俊樹（2006）『入門 医療経済学』中央公論新社

真山達志（2001）『政策形成の本質―自治体の政策形成能力』成文堂

丸山創（1987）『自治体における公衆衛生』医学書院

水野肇（1997）『医療・保健・福祉改革のヒント』中央公論新社

三橋雄他（2006）「ソーシャルサポートネットワークと在宅高齢者の検診受診行動の関連性」『日本公衆衛生雑誌』53（2）pp.92-103.

水上博司（2010）「地域スポーツクラブ会員の運動頻度の増加から見た医療経済効果（2）― 健康スポーツ政策の立案過程における公共的理由としての医療費 ―」『日本大学文理学部紀要』pp.61-79.

宮川公男（2002）『政策科学入門』第2版　東洋経済新報社

宮川公男・山本清（2009）『行政サービス供給の多様化』多賀出版

宮本恭子（2016）「ドイツにおける家族介護の社会的評価」『経済科学論集』42（3）pp.1-21.

宮脇淳（2003）『公共経営論』PHP研究所

武藤博己（2000）「市町村における行政活動の評価」『公共政策』1（7）pp.1-12.

森脇俊雅（2010）『政策過程』ミネルヴァ書房

森田達也（2013）「緩和ケアに関する地域連携評価尺度」『日本緩和医療学会誌』8，pp.116-26.

安章浩（2006）「公共政策論概説」上條末男編『政策課題』北樹出版，pp.59-117.

安田雪（1997）『ネットワーク分析』新曜社

柳尚夫（2008）「介護予防事業の現状と問題点」『総合リハ』36（8）pp.755-760.

柳澤健一郎（2004）『衛生行政大要改定20版』日本公衆衛生協会

山岡善典（2008）「市民活動団体の役割と課題」神野直彦・澤井安勇編『ソーシャルガバナンス』東洋経済新報社 pp.204-215

山内直人（2005）『日本のソーシャルキャピタル』大阪大学大学院国際公共政策研究科NPO研究情報センター

山崎丈夫（2009）『地域コミュニティ論 ― 地域分権への協働の構図 ―』自治体研究社

山口定（2004）『市民社会論 ― 歴史的遺産と新展開』有斐閣

山口昇（2012）「地域包括ケアのスタートと展開」高橋紘士編『地域包括ケアシステム』オーム社，pp.12-37.

山倉建嗣（1993）『組織間関係　企業ネットワークの変革に向けて』有斐閣

山本清（2009）「行政サービス供給の多様化の背景と課題」宮川公男・山本清『行政サービス供給の多様化』多賀出版，pp.27-58.

山本隆（2009）『ローカル・ガバナンス福祉政策と協治の戦略』ミネルヴァ書房

湯浅資之他（2007）「ソーシャルキャピタル概念のヘルスプロモーション活動への導入に関する検討」『日本公衛誌』53（7）pp.3-7.

結城康博（2011）『日本の介護システム：政策決定過程と現場ニーズの分析』岩波書店

横山淳一（2013）「地域職域保健連携推進事業のシステム化に関する一考察」『日本経営診断学会論集』13，pp.24-30.

吉池毅志・栄セツコ（2009）「保健医療福祉領域における『連携』の基本的概念整理」『桃山学院大学総合研究所紀要』34（3）pp.109-122.

吉田裕人（2007）「介護予防事業の経済的側面からの評価 介護予防事業参加群と非参加群の医療・介護費用の推移分析」『日本公衆衛生雑誌』54, pp.156-167.

吉村沢子（2012）「介護予防と地域づくりは住民主体の活動から 玉名市における市民・行政・大学の協働作業」『保健師ジャーナル』68（3）pp.208-212.

吉原健二・和田勝（1999）『日本医療保険制度史』東洋経済新報社

渡辺深（2007）『組織社会学』ミネルヴァ書房

渡邉敏文（2007）『地域福祉における住民参加の検証』相川書房

渡邉敏文（2010）『地域保健福祉と住民参加活動』相川書房

和田勝編（2007）『介護保険制度の政策過程 日本ドイツルクセンブルク国際共同研究』東洋経済新報社

和田勝編（2012）『介護福祉政策概論：介護保険制度の概要と課題』日本医療企画

英文

Anderson, E. T. and J. Mcfarlane（2004）*Community as Partner : Theory and Practice in Nursing 4th edition,* Lippincott Williams & Wilkins（訳 金川克子・早川和生（2007）『コミュニティ・アズ・パートナー地域看護理論の理論と実際 第2版』医学書院）

Berkman, L. F. and S. L. Syme（1979）"Social networks, host resistance, and mortality : a nine-year follow-up study of Alameda County residents." *Am J Epidemiol.* 109（2）pp.186-204

Banks, P.（2004）*Policy Framework for Integrated Care for Older People,* London, King's Fund London

Bourdieu, P.（1986）*The Forms of Capital,* Greenwood Press（訳 原山哲（1993）『資本主義のハビトゥス』藤原書店）

Coleman, J. S.（1990）*Foundations of Social Theory,* Harvard University Press（訳 安田尚（1991）『社会理論の基礎』藤原書店）

Cohen, M. D, J. G. March and J. P. Olsen（1972）"A Garbage Can Model of Organizational Choice", *Administrative Science Quarterly* 17, pp.1-25.

Dror, Y.（1968）*Public Policymaking Reexamined,* Chandler Publishing Company（監訳 足立幸雄（2006）『公共政策決定の理論』ミネルヴァ書房）

Dye, T. R. and J. S. Robey（1980）Politics versus Economics: Development of the Literature on Policy Determination. In Dye, T. R. & V. Gray et al, *The Determinants of Public Policy,* Lexington, MA : D. C. Heath and Company, pp.3-17.

Dye, T. R.（2005）*Understanding Public Policy* 12th Edition, Pearson Education.

Esther, S., D. O. Nelly, E. A. Carol, et al（2009）"The Key Principles for Successful Health Systems Integration" *Healthcare Quarterly* 13, pp.16-23.

Fried, L. P., C. M. Tangen, J. Walston, et al（2001）"Frailty in older adults : evidence for a phenotype." *J. Gerontol A Biol Sci Med Sci* 56, pp.146-156.

Kawachi, I.（2008）*Social Capital and Health,* Springer（監訳　藤澤由和（2008）『ソーシャルキャピタルと健康』日本評論社）

Kawachi, I., S. V. Subramanian and K. Danie（2008）*Social Capital and Health,* Springer.

Kingdon, J. W.（1984）Agendas, *Alternatives, and Public Politics, Little,* Brown and Co.

Kodner, D. L., C. K. Kyriacou（2000）"Fully integrated care for frail elderly, Two American models" *International Journal of Integrated Care* 1, pp.1-19.

Lasswell, H. D.（1951）"The Policy Orientation" in Lerner D. and H. D. Lasswell, eds. *The Policy Sciences : Recent developments in Scope and Methods,* Stanford University Press.

Leichsenring, K.（2004）"Developing integrated health and social care services for older persons in Europe" *International Journal of Integrated Care* 4（3）pp.1-15.

Leutz, W. N.（1999）"Five laws for integrating medical and social services: lessons from the United States and the United Kingdom" *Milbank Quarterly* 77（1）pp.77-100.

Levine, S. and P. E.White（1961）"Exchange as a conceptual framework for the study of Interor-ganizational Relationships " *Administrative Science Quartery* 5 pp.583-601.

Lindblom, C. E. and D. Braybrooke（1963）*A Strategy of Decision*, The Free Press.

Linldblom, C. E.（1968）*The Policy-making Process*, Prentice-Hall.

OECD eds.（2005）*Extending Opportunities : How Active Social Policy Can Benefit Us All*（訳　井原辰雄（2005）『世界の社会政策の動向 能動的な社会政策による機会の拡大に向けて』明石書店）

Orem D. E.（1991）*Nursing Concepts of Practice,* Mosby-Year Book（訳　小野寺杜紀（1995）『オレム看護論. 第3版』医学書院）

Pestoff, V. A.（1998）*Beyond the Market and State Social enterprises and civil democracy in a welfare society,* Aldershot, U. K.（訳　藤田暁男（2000）『福祉社会と市民民主主義　協同組合と社会的企業の役割』日本経済評論社）

Putnam, R. D.（1993）*Making Democracy Work, Civic Traditions in Modern Italy,* Princeton University Press（訳　河田潤一（2007）『哲学する民主主義　伝統と改革の市民構造』NTT出版）

Putnam, R. D.（2000）*Bowling alone : The collapse and revival of American community,* Simon & Schuster（訳　芝内康文（2006）『孤独なボウリング　米国コミュニティの崩壊と再生』柏書房）

Rose, G.（1992）*The Strategy of Preventive Medicine*, Oxford University Press（訳 曽田研二（1998）『予防医学のストラテジー』医学書院）

Semenza, J. C., C. H. Rubin and K. H. Falter et al（1996）"Heatrelated death during the July 1995 heat wave in Chicago,"*N. Eng. J. Med* 335, pp.84-90.

Sabatier, P. A（1988）, "An Advocacy Coalition framework of Policy Change and the Role of Policy Oriented Learning Therein"*Policy Sciences* 21（1）pp.129-168.

Spasoff, R. A.（1999）*Epidemiologic methods for Health policy,* Oxford University Press（訳 上畑鉄之丞（2006）『根拠に基づく健康政策の進め方』医学書院, pp.186-192.）

Simon, H. A.（1947）*Administrative Behavior,* Macmillan（訳 松田武彦・高柳暁・二村敏子（1965）『経営行動』ダイヤモンド社）

Woolcock, M.（2000）*The place of social capital in understanding social and economic outcomes,* The World Bank, p.5.

WHO（2003）*The World Health Report : Shaping the Future*, World Health Organization, Geneva.

WEB サイト

秋元正弘（2001）『自治体における行政評価制度の現状と課題』LDI REPORT 9, pp.4-25
　group.dai-ichi-life.co.jp/dlri/ldi/report/rp0109a.pdf（閲覧日 10/15, 2016）
大崎上島町（2007）『大崎上島町第 1 次長期総合計画』
　http://www.town.osakikamijima.hiroshima.jp（閲覧日 10/15, 2013）
健康体力づくり事業団（2010）『高齢者の QOL を支える介護予防事業実態調査報告書』
　www.health-net.or.jp/news/list.php?year=2010（閲覧日 10/15, 2013）
厚生労働省（2000）『健康日本 21 実践の手引』
　www.kenkounippon21.gr.jp/kenkounippon21//menu_2.htm（閲覧日 10/15, 2013）
厚生労働省（2005）『介護予防事業に係る市町村介護保険事業計画に関する報告書（案）』
　www.mhlw.go.jp/topics/2005/10/tp1027-1.html（閲覧日 10/15, 2013）
厚生労働省老健局老人保健課（2006）『平成 18 年度介護予防事業報告, 2』
　2http://www.mhlw.go.jp/topics/2008/04/dl/tp0411-2a.pdf（閲覧日 12/8, 2009）
厚生労働省老健局老人保健課（2010）『平成 22 年 6 月 1 日地域包括支援センター全国担当者会資料 4 介護予防事業について』p.12.http://www.mhlw.go.jp（閲覧日 12/4, 2011）
厚生労働省（2011a）『平成 23 年度 介護予防事業（地域支援事業）の実施状況に関する調査結果（概要）』」http://www.mhlw.go.jp（閲覧日 10/15, 2013）
厚生労働省（2011b）『介護予防事業の効果的な取り組み事例』『第 5 期介護保険計画策定にあたってのポイント等について』『地域包括ケアシステム』『市町村地域福祉計画及び都道府県地域福祉支援計画策定指針の在り方について』http://www.mhlw.go.jp（閲覧日 10/17,

2013)

厚生労働省（2012）『都道府県ごとに見た介護の地域差』www.kantei.go.jp/jp/singi/（閲覧日 12/19，2016）

厚生労働省（2013）『社会保障審議会介護保険部会資料』www.mhlw.go.jp（閲覧日 10/15，2016）

厚生労働省（2014）『第 1 回都道府県介護予防担当者・アドバイザー合同会議資料地域支援事業の充実と介護予防事業の見直し』
www.mhlw.go.jp/file/05-Shingikai.../0000044833.pdf（閲覧日 10/15，2016）

厚生労働省（2015）『介護保険事業報告（暫定）（平成 27 年 4 月分）』http://www.mhlw.go.jp（閲覧日 10/15，2016）

国土地理院地図 www.gsi.go.jp/tizu-kutyu（閲覧日 10/17，2013）

佐世保市立総合病院『大腿骨頸部骨折の地域連携クリニカルパス』
http://www.hospital.sasebo.nagasaki.jp/medical/chiiki-renkei-pasu/daitaikotsu-keibu-kossetsu/（閲覧日 10/15，2013）

社団法人全国国民健康保険診療施設協議会『平成 23 年度老人保健健康増進等事業　実践つながる住民参加型地域診断の手引 ― 地域包括ケアシステムの推進に向けて ― 地域診断の手引き』www.kokushinkyo.or.jp/Portals/0/02-2.（閲覧日 12/1，2012）.

庄原市（2012）『庄原市健康づくり計画』『庄原市介護保険計画』
http://www.city.shobara.hiroshima.jp/（閲覧日 10/15，2013）

全国介護保険担当課長会議（2014）『介護予防・日常生活支援総合事業ガイドライン案（概要）』www.mhlw.go.jp/file/05-Shingikai.../0000064539.pdf（閲覧日 2/25，2015）

総務省『国勢調査』www.stat.go.jp/data/kokusei/2010/（閲覧日 10/15，2013）

高松まり子（2001）「民間との連携の活動評価について」薄金孝子『産業保健との連携の活動評価，厚生科学研究費補助金健康科学総合研究事業「栄養活動から見た地域保健福祉活動の企画・評価に関する研究」報告書』 pp.5-15
homepage1.nifty.com/PRECEDE-PROCEED/.../1soukatu.html（閲覧日 1/23，2015）

筒井孝子（2013）「地域包括ケアシステムの基本的考え方 ― integrated care の視点と構築のための戦略」三菱 UFJ リサーチ＆コンサルティング『地域包括ケアシンポジウム 2025 年に向けた新しい地域づくり ― 地域包括ケアシステムの構築を目指して』www.murc.jp/care

廿日市市『廿日市市第 2 次健康増進計画』『廿日市市第 1 次健康増進計画』www.city.hatsukaichi.hiroshima.jp/（閲覧日 10/15，2013）

広島県『平成 22 年度介護予防事業（地域支援事業）の実施状況に関する調査結果（広島県版）』www.pref.hiroshima.lg.jp/site/kaigoyobou（閲覧日 1/23，2015）

大崎上島町社会福祉協議会（2014）『平成 26 年度社会福祉法人大崎上島町社会福祉協議会事業計画』www.syakyo.net/pdf/H26jigyoukeikaku.pdf（閲覧日 2/25，2015）

内閣府（2015）『平成27年版高齢者白書』
　www8.cao.go.jp/kourei/whitepaper/w-2015/zenbun/27pdf_index.html（閲覧日8/18，2016）
日本老年医学会（2014）『フレイルに関する日本老年医学会からのステートメント』
　www.jpn-geriat-soc.or.jp/info/.../20140513_01_01.pdf（閲覧日2/25，2015）
廿日市市（2015）『廿日市市高齢者福祉計画・第6期廿日市市介護保険事業計画素案』
　www.city.hatsukaichi.hiroshima.jp/uploaded/.../10771.p...（閲覧日2/25，2015）
森山美和子（2015）「ポピュレーションヘルスマネジメントを基盤にした地域包括ケアシス
　テムの構築と展開」財務相財務総合政策研究所『医療介護に関する研究会第3回会合資料』
　www.mof.go.jp（閲覧日10/15，2016）
森山美和子（2013）「過疎高齢化が進む地域での住民参加型ポピュレーションヘルスマネジメ
　ントの展開」『科学研究費助成事業データベース2013年度実施状況報告書』
　kaken.nii.ac.jp/ja/.../RECORD-246599882013hokoku/（閲覧日10/15，2016）

謝　辞

　本書は広島大学での博士論文をもとに、学生、研究者、実務者のために再構成したものです。多くの方々のご高配を賜り完成しました。ここに、御礼を申し上げます。広島大学大学院社会科学研究科マネジメント専攻の戸田常一教授には、長期間にわたり、温かい研究指導をいただき、親身にお力添えくださいましたことに、深く感謝しております。地域政策、政策研究に関する知識と技術、真実を探求する研究者としての粘り強い姿勢、これらはすべて戸田常一教授から学びました。広島大学大学院社会科学研究科マネジメント専攻の椿康和教授、原口恭彦教授には、論文に一貫した道筋をつけ、主題を明確とするための貴重なご指導をいただきました。先生方の辛抱強いご指導がなければ、本書のもととなった論文は完成しませんでした。深く感謝いたします。本書において、論文から加筆しましたコラム欄、その他記述した内容に誤りがあればすべて私の責任です。

　後藤昇客員教授、柴田浩喜客員教授には、戸田常一教授の地域政策ゼミナールにて貴重なご示唆をいただきました。広島都市学園大学の畠山京子教授、広島医療保健専門学校の畠山護三先生のご夫妻には、医療福祉に連携を生かす視点を学びました。松本麗華さんには調査へのご協力、才谷利史さんには資料提供、土井美枝子さんをはじめ地域政策ゼミナールの皆様には多くのご助言をいただきました。深く感謝いたします。

　修士課程においてご指導くださいました放送大学大学院の大曽根寛教授、熊本学園大学大学院社会福祉学研究科の河野正輝教授には、社会保障制度や、臨床上の疑問を理論構築していく過程をご教示いただいたこと、研究会において知識を得る機会を与えてくださったことに感謝いたします。

　本書の中心的な主題である、地域の人々の生活を支える重要性は、医療法人長寿会の畑野栄治先生に学びました。医療法人長寿会はたのリハビリ整形外科、広島市安芸区地域保健対策協議会、安芸区農業協同組合において、住民へ

謝　辞　*233*

の健康支援に理学療法士として従事した経験が、本書の下地となりました。

　広島県市町の介護予防事業担当の方々には、度々の詳細な調査にご協力をいただき、ありがとうございました。特に、大崎上島町、庄原市、廿日市市の職員の方々には、制度変更への対応に追われる中、数回の長時間にわたるヒアリングや確認作業にお力を貸してくださいましたことに御礼を申し上げます。

　学校法人古沢学園理事長・広島都市学園大学の古澤敏昭総長、河野修興学長、健康科学部リハビリテーション学科長の富樫誠二教授、伊藤祥史准教授をはじめ職員の皆様には、ご配慮を賜りましたことに感謝いたします。古澤敏昭総長には、経営学および経済学から研究の方法論を与えてくださったことにも感謝いたします。広島都市学園大学の学生と広島医療保健専門学校の卒業生たちには、活力と希望を与えてくれたことに感謝します。

　また、研究中の生活を支え、研究活動を常に応援してくれた夫、娘、息子および母に感謝しています。研究を続けることができたのは、こうして支えてくれた人たちのお陰です。

　本書の作成に際しまして、大学教育出版社をご紹介くださり、出版のための貴重なアドバイスを下さいました広島都市学園大学健康科学部リハビリテーション学科理学療法学専攻長の大塚彰教授、大学教育出版社の佐藤守様、社彩香様に深謝いたします。

　度重なる制度改革と高齢化により生じた課題を、医療・福祉・政策や社会学の横断的な視点から捉え、その解決に向けて今後も研究を続けることが、お世話になった方々への恩返しになるものと考え、決意と感謝の意を表し謝辞といたします。

■著者紹介

平岩　和美　（ひらいわ　かずみ）

1989 年、金沢大学医療技術短期大学部理学療法学科卒業
広島大学大学院博士課程後期社会科学研究科マネジメント専
攻単位取得満期退学
博士（マネジメント）
広島都市学園大学健康科学部リハビリテーション学科理学療
法学専攻准教授
専門理学療法士（生活環境支援理学療法士）

介護予防・地域包括ケアと主体間連携

2017 年 10 月 20 日　初版第 1 刷発行

■著　　　者───平岩和美
■発 行 者───佐藤　守
■発 行 所───株式会社　大学教育出版
　　　　　　　〒700-0953　岡山市南区西市 855-4
　　　　　　　電話（086）244-1268　FAX（086）246-0294
■印刷製本───モリモト印刷㈱

© Kazumi Hiraiwa 2017, Printed in Japan
検印省略　　　落丁・乱丁本はお取り替えいたします。
本書のコピー・スキャン・デジタル化等の無断複製は著作権法上での例外を除
き禁じられています。本書を代行業者等の第三者に依頼してスキャンやデジタ
ル化することは、たとえ個人や家庭内での利用でも著作権法違反です。
ISBN978-4-86429-465-2